Dr. Christian Benjamin Ries

C# im Detail

Implementierungen analysiert

Dr. Christian Benjamin Ries
Bielefeld
Deutschland

Weitere Bücher vom Autor:

BOINC – Hochleistungsrechnen mit Berkeley Open Infrastructure for Network Computing, Berlin Heidelberg: Springer, ISBN: 978-3-642-23382-1, 2012.

Learn C++ by Examples, Norderstedt: Books on Demand GmbH, ISBN: 978-3-848-25970-0, 2013.

ISBN: 978-1-728-71873-6

Bibliographische Information der Deutschen Nationalbibliothek
Die Deutsche Nationalbibliothek verzeichnet diese Publikation in der Deutschen Nationalbibliografie; detaillierte bibliographische Daten sind im Internet über http://dnb.d-nb.de abrufbar.

Für Sie, meine Leserschaft!

Vorwort

Technologien kommen und gehen. Das gesprochene Wort und Programmiersprachen wandeln mit der Zeit und passen sich der Moderne an. Die Programmiersprache C# ist, wie C/C++ oder Java, erschaffen worden um für die Ewigkeit zu bleiben. Oft reicht das Wissen darüber, wie man etwas nutzt und anwenden kann, man muss nicht alles bis in das kleinste Detail verstehen um einen Nutzen daraus zu ziehen. Sie fahren Auto, die wenigsten von uns wissen wie ein Verbrennungsmotor funktioniert; Sie telefonieren täglich, wer kann schon die technische Verfahrenskette von Anfang bis Ende erklären um das Gesprochene beim Empfänger ankommen zu lassen...

Sie erkennen den Grundgedanken an diesem Buch. Viele Techniken sind komplex und schwer zu verstehen, zahlreiche Abstraktionsebenen erleichtern uns im Normalfall den Zugang zu neuen Technologien. Jede Programmiersprache ist generell schon eine Abstraktion von etwas weitaus Komplexeren und kann insofern als technologische Einstiegshilfe betrachtet werden. Moderne Entwicklungsumgebungen wie Microsofts VisualStudio, QtCreator der Qt Company oder JetBrains Rider sind Top-Kandidaten um den Einstieg in die Programmierwelt zu meistern. Automatismen, Fehlerprüfungen, Hinweise, etc. bieten uns eine großartige Hilfsquelle die ausgeschöpft werden kann und man ausnutzen sollte! Lassen Sie uns gemeinsam diese Hilfsmittel zum Erkunden von C# als moderne Programmiersprache nutzen. In diesem Buch bekommen Sie Anleitungen, Hinweise und Erklärungen wie Analysen von C#-Applikationen ermöglicht werden, wie man Applikationen kompiliert, IL-Code erzeugt, aber auch versteht und wie man Applikationen bezüglich der Performance und des Speicherverbrauchs messen kann. Lassen Sie die technische Hintergrundkomplexität von C# hinter sich und blicken Sie glasklar auf eine neue technische Welt.

Ich freue mich Sie bei dieser Reise unterstützen zu dürfen.

Bielefeld, November 2018 *Dr. Christian Benjamin Ries*

Inhaltsverzeichnis

Teil II C# Sprachreferenz

Teil IV Anhang

Teil I
Einleitung und Überblick

Kapitel 1
Motivation

Wer immer tut, was er schon kann,
bleibt immer das, was er schon ist.

Henry Ford

In der heutigen Zeit wird der Hunger nach schnelleren Anwendungen sehr häufig durch den Zukauf von mehr Rechenleistung gestillt. Dies ist eine logische Konsequenz aus der einfachen Gegenüberstellung von $Kosten/Nutzen$ und dem zur Verfügung stehenden Budget zur Entwicklung und Verbesserung von Software. Man erhofft sich durch den Austausch älterer Hardware, hin zu moderner oder schnellerer Hardware eine Beschleunigung der Ausführung der an eine Applikation gestellte Aufgabe. Dies kann funktionieren, aber es gilt auch zu beachten, dass dies nicht in jedem Fall möglich ist. Für einen Arbeitsplatzrechner des Softwareentwicklers/-ingenieurs scheint dies problemlos möglich. Aber wie sieht das mit fest installierten Systemen aus, u.a.

- Multimediasysteme in heutigen Kraftfahrzeugen,
- jedes x-beliebige Mobiltelefon/Smartphone,
- Panel-PCs in der Automatisierungstechnik und Fertigung?

Nicht in jedem Fall kann problemlos die komplette Hardwareinstallation verworfen und durch performantere Hardware ersetzt werden. Zumal in diesen Fällen der zuvor erwähnte $Kosten/Nutzen$-Faktor höher ausfällt als der $Arbeitskosten/Nutzen$-Faktor um einen Applikationsentwickler/-ingenieur zu beauftragen und die eingesetzte Software performanter zu gestalten. Hierzu ein kleines Gedankenspiel:

Wir haben eine Firma die Panel-PCs inklusive der Software für Hotelketten fertigt und beim Kunden installiert. Jedes Hotelzimmer erhält einen Panel-PC damit die Gäste Beleuchtung, Klimaanlage, automatischen Weckruf, etc. selber über ein einfaches Touch-Interface einstellen und bedienen können. Die Gäste des Hotels bemängeln die Ausführgeschwindigkeit der Anwendung: (a) die Reaktionszeiten der Eingaben werden nicht schnell genug übernommen und (b) das Wechseln zwischen unterschiedlichen Eingabemasken ist zu träge. Jeder Panel-PC ist fest im Zimmer montiert. Für die Erneuerung der Panel-PCs mit vorhandenen und schnelleren Panel-PCs sind mindestens folgende Kostenpunkte zu berücksichtigen:

1. Arbeitsleistung für den Ausbau der jeweiligen Panel-PCs in jedem Hotelzimmer,
2. Bereitstellung neuer Panel-PCs (auch wenn diese schon vorhanden sind, die zuvor ausgebauten sind mit den neuen Panel-PCs gegenzurechnen),

3. Arbeitsleistung zum Einbau der neuen Panel-PCs.

Angenommen das Hotel hat einhundert Zimmer und ein Techniker schafft pro Stunde den
Ausbau von fünf Panel-PCs, für den Einbau allerdings jeweils eine Stunde (da die Hardware kalibriert und getestet werden muss), dann ist ein Techniker mindestens 120 Stunden
beschäftigt. Plus etwaige Komplikationen – die immer aufkommen und niemals mit ein-
kalkuliert sind – benötigt dieser etwa einen Monat. Bei einem Kostenpunkt von 100 €
pro Stunde (inkl. allen Nebenkosten) sind dies als ersten Kostenpunkt rund 12.000 €.
Hinzu kommen die Kosten für die neuen Panel-PCs, je nach Qualität und Leistung kann
jeder Panel-PC auch gut und gerne 1000 € kosten. Bei 100 Zimmern entspricht dies dann
100.000 €, mit der Arbeitsleistung sind wir dann bei Gesamtkosten von etwa 112.000 €
– wir reden bisher nur von einem Hotel, die Gesamtkosten für die Erneuerung der Panel-
PCs der gesamten Hotelkette liegen um ein Mehrfaches höher.

Wir sehen an diesem konstruierten Beispiel recht gut wie sinnvoll es sein kann
ein wenig mehr Kopfarbeit in die Softwareentwicklung zu investieren, so dass
der Fallout am Ende geringer ausfällt und im Idealfall nur eine neue Software auf
die Panel-PCs aufgespielt werden muss. Zudem kann dies automatisiert passieren,
wenn der Gast des hier skizzierten Hotels gerade im Begriff ist aus diesem aus-
zuchecken und das Panel-PC erst beim Einchecken eines neuen Gastes benötigt
wird. Es würde also niemanden stören, wenn solche Aktualisierungen zwischen-
durch im laufenden Betrieb durchgeführt werden würden.

Um dieses bisschen „mehr Kopfarbeit" soll es in diesem Buch gehen. Mit dem
nötigen Hintergrundwissen aus diesem Buch und ein wenig mehr Detailwissen
über Techniken der C#-Programmierung will ich Ihnen vorführen und erläutern
wie man mit einfachen Tricks fast jede Applikation um ein paar wenige oder auch
einige hundert Millisekunden schneller bekommt. Gerade bei Millisekunden kann
man sich leicht mit dem eigentlichen Gewicht einer Implementierung verschätzen.
Wie sieht es aus, wenn ein Satz an Daten – dynamischer Größe und Länge – in
einem Schwung bearbeitet werden soll und jeder Datensatz eine Ausführzeit von
drei Millisekunden erfordert, wir allerdings eintausend Datensätze haben, dann
müssen wir geschlagene drei Sekunden auf das Ergebnis warten. Stellen Sie sich
vor Sie müssten bei jedem Aufklappen eines Ordners in einem Dateisystemexplo-
rer Ihrer Wahl drei Sekunden warten, es würde nicht lange dauern und Sie würden
Ihre Arbeitsmaschine vor Frust aus dem Fenster werfen.

1.1 Sind zwei Millisekunden viel?

Im normalen Leben eines jeden von uns scheinen zwei oder drei Millisekunden
nicht viel zu sein. Der Mensch ist nicht mal im Stande überhaupt eine Sache kon-
trolliert in zwei Millisekunden umzusetzen. Die menschliche Reaktionszeit liegt
bei etwa $0,8s$[1], d.h. um einen Faktor von vierhundert höher. Wenn Sie selbst einmal Ihre Reaktionszeit auf konventionelle Art und nicht wissenschaftlich begrün-

---

[1] www.medipresse.de/koerper-mensch/wunderwerk-formel-1-fahrer-017.html

det erfahren wollen, so gibt es im Internet Webseiten bei denen die Reaktionszeit mit Klickzeiten der Maus gemessen wird.[2] Also was kümmern uns gerade einmal *2ms*, *3ms* oder *4ms*? Eine ganze Menge!

Zur Verdeutlichung das auch eine kleine Latenz große Auswirkungen haben kann, werden wir nachfolgend eine entsprechende Applikation implementieren und schauen wie sich unterschiedliche Implementierungsansätze in der Performance wiederspiegeln. Dafür entwickeln wir eine kleine Applikation mit der wir die Wahrscheinlichkeit des deutschen Lotteriespiel-System **6aus49**[3] überprüfen. Die allgemein bekannte Gewinnquote für den Hauptgewinn liegt bei 1 : 140.000.000; es scheint wirklich unwahrscheinlich zu sein den Hauptgewinn der Gewinnklasse I zu gewinnen. Also wenn diese Wahrscheinlichkeit stimmt, dann sollte die Anzahl der Hauptgewinne, wenn man 140.000.000 mal entsprechende Gewinnzahlen zieht und diese mit seinen eigenen gewählten Gewinnzahlen vergleicht, so sollte am Ende mindestens ein- bis zweimal ein Hauptgewinn vorliegen. Eben dies implementieren wir in den nachfolgenden Abschnitten in zwei Varianten.

Variante A   Diese Variante würde wohl sicherlich bei über neunzig Prozent der Leserschaft als erstes auf Papier gebracht werden. Sie enthält keine Kniffe oder sonstigen trickreichen Implementierungen. Es sind immer die ersten Gedanken die einem womöglich durch den Kopf schwirren umgesetzt. In der `Main()`-Methode (s. Listing 1.1) wird eine Instanz von `Lotto6aus49_A` erstellt. Diese Instanz enthält die Logik zum Ziehen von Lottozahlen und auch die entsprechenden Prüfungen um einen Gewinn oder mehrere Gewinne zu validieren. Mit einem `Stopwatch` (s. Kapitel 3) wird die erforderliche Zeit für die Ausführung der Methode `Pruefe()` gemessen. Am Ende wird die Anzahl der Gewinne der mit `MaxZiehungenStatistik` definierten Lotterieziehungen ausgegeben. Der Wert 139.838.160[4] ist die mathematisch korrekte Gewinnwahrscheinlichkeit, wobei 1 : 140.000.000 der gerundete Wert ist der in der Zivilgesellschaft umgangssprachlich verwendet wird; den mathematisch richtigen Wert kann man sich auch schwerlich merken.

Variante B   In dieser Variante wird auf Know-how zurückgegriffen welches in diesem Buch vorgestellt wird. Wir verwenden u.a. Statusmaschinen mit Enumeratoren (s. Kapitel 10) Wir parallelisieren die Verwendung von Schleifen um die Bearbeitungslast auf unterschiedliche Prozessoren zu verteilen (ab Seite 123), aber setzen auch mehr Menschenverstand um und brechen Ausführungen ab wenn das Ergebnis schon vorhanden ist; also sparen Ausführungszeit durch *nicht ausführen*.

Das Ergebnis des Laufzeitverhalten der unterschiedlichen Varianten ist in Abbildung 1.1 veranschaulicht. Der durchschnittliche Speedup (s. Kapitel 2) der Vari-

---

[2] www.humanbenchmark.com/tests/reactiontime/statistics

[3] www.lotto.de/lotto-6aus49

[4] www.lotto.de/lotto-6aus49/info/gewinnwahrscheinlichkeit

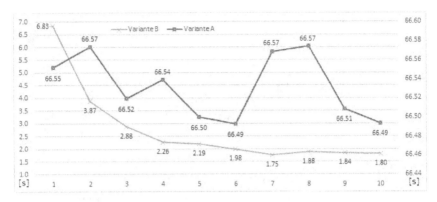

Abb. 1.1: Zeitverhalten in Sekunden der Applikation zur Überprüfung der statistischen Angabe des Lottosystems **6aus49** in zwei Varianten jeweils mit zehn Durchläufen: (A) einfache Variante ohne Verbesserungen auf der rechten vertikalen Achse und (B) verbesserte Variante mit immensen Performanceverbesserungen auf der linken vertikalen Achse. Der durchschnittliche Speedup (s. Kapitel 2) der Variante B gegenüber Variante A ist 29 (Median: 32) – ein Top-Wert – Sie können die Überprüfung der Gewinnwahrscheinlichkeit von **6aus49** mit der Variante B somit fast dreißigmal öfter ausführen als mit Variante A.

ante B gegenüber Variante A ist 29; wir können die Variante B somit fast dreißigmal öfter ausführen und Variante A hingegen nur einmal in der gleichen Zeit. Dieser Unterschied ist derartig Groß, dass es nicht mal relevant ist auf was für einem Computer diese Messungen stattgefunden haben. Auch wenn die Wissenschaft verlangt, hier an dieser Stelle solche Daten anzugeben, damit entsprechende Beweise und Experimente zu reproduzieren sind, kann trotzdem darauf getrost verzichtet werden. Die Diskrepanz der unterschiedlichen Implementierungen und Ausführungszeiten ist dermaßen groß, dass hier nur das signifikante Ergebnis erwähnt wird:

Variante A ist um ein vielfaches langsamer als Variante B.

1.1.1 Variante A

Die Variante A arbeitet ohne Raffinessen. In Listing 1.1 wird die erforderliche Instanz der Klasse Lotto6aus49_A zur Prüfung initiiert und in Zeile 16 mit dem Aufruf von Pruefe() gestartet. N ist hierbei die Anzahl der Ziehungen die durchzuführen sind; dort wird der Wahrscheinlichkeitswert für das deutsche Lottosystem **6aus49** aus Zeile 7 verwendet. sw ist eine Instanz von Stopwatch (s. Kapitel 3) und dient der akkuraten Zeitmessung.

Listing 1.1: Variante A der Lotto **6aus49** Prüfanwendung

```
1   using System.Diagnostics;
2   using C = System.Console;
3
4   class Program
5   {
6       // 1:139.838.160
7       public const int MaxZiehungenStatistik = 139838160;
8       public const int N = MaxZiehungenStatistik;
9
10      static void Main()
11      {
12          Lotto6aus49_A lotto = new Lotto6aus49_A();
13          C.WriteLine("Meine Zahlen: {0}", lotto.MeineZahlen);
14
15          var sw = new Stopwatch(); sw.Start();
16          var gewinne = lotto.Pruefe(N);
17          sw.Stop();
18          C.WriteLine("Pruefung dauerte: {0}s ({1:g})",
19              sw.Elapsed.TotalSeconds, sw.Elapsed);
20          C.WriteLine("Sie haben {0} mal gewonnen.", gewinne);
21      }
22  }
```

Die eigentliche Arbeit steckt in der Klasse `Lotto6aus49_A` und ist in Listing 1.2 zum Studieren aufgeführt. Im Konstruktor werden mit `Ziehung()` unsere Gewinnzahlen erstellt, mit diesen Zahlen wird die Prüfung durchgeführt. Die Struktur `ZiehungsErgebnis` kapselt die sechs Zahlen plus Superzahl für das **6aus49**. Die `ToString()` wurde überschrieben (s. Abschn. 6.1) um die Gewinnzahlen einfacher in der `Main()`-Methode ausgeben zu können. Der Zufallszahlengenerator befindet sich in Listing 1.3 und ist für die Variante A und Variante B identisch. In der Methode `Ziehung()` werden insgesamt sieben Zufallszahlen generiert, einmal sechs Gewinnzahlen zwischen Eins und 49 und einmal die Superzahl zwischen Null und Neun. Bei einer Ziehung dürfen keine doppelten Gewinnzahlen vorkommen, aus diesem Grund wird solange eine Zufallszahl generiert bis der Pool um eine entsprechende neue Zahl aus bisher gezogenen Zahlen erweitert wird. Dies wird durch das kontinuierliche Ausführen der `do-while`-Schleife erreicht (s. Abschn.9.7). In der Methode `Pruefe()` werden nun die knapp 140 Millionen Ziehungen durchgeführt und jede Ziehung mit unseren Zahlen aus dem Konstruktor verglichen. Im ersten Schritt wird die Superzahl verglichen, wenn diese schon nicht übereinstimmt wird sofort die nächste Ziehung vorgenommen. Ähnlich werden die Gewinnzahlen miteinander verglichen, sobald ein Wert nicht mit unseren Zahlen übereinstimmt wird die nächste Ziehung vorgenommen. Wir wollen nicht prüfen ob wir mit irgendwelchen Zahlen gewinnen, es ist für uns nur von Interesse ob die allgemeine Gewinnwahrscheinlichkeit für den Hauptgewinn mit Gewinnklasse I stimmt. Wenn alle Zahlen stimmen wird die Variable `gewinne` inkrementiert und nach dem Schleifendurchlauf als Ergebnis zurückgeliefert.

Listing 1.2: Variante A der **6aus49**-Prüfanwendung

```
1   public struct ZiehungsErgebnis
2   {
3       public List<int> GZ; // Gewinnzahlen
4       public int SZ; // Superzahl
```

```
 5    public override string ToString()
 6    {
 7      return string.Format("{0},{1},{2},{3},{4},{5} [{6}]",
 8        GZ[0], GZ[1], GZ[2], GZ[3], GZ[4], GZ[5], SZ);
 9    }
10  }
11
12  public class Lotto6aus49_A
13  {
14    public ZiehungsErgebnis MeineZahlen;
15    private readonly Randomize _rnd;
16
17    public Lotto6aus49_A()
18    {
19      _rnd = new Randomize();
20      MeineZahlen = Ziehung();
21    }
22
23    public ZiehungsErgebnis Ziehung()
24    {
25      var ergebnis = new ZiehungsErgebnis();
26      ergebnis.GZ = new List<int>(6);
27      for (int i = 0, z; i < 6; ++i)
28      {
29        do
30        {
31          z = _rnd.Get(1, 49);
32        } while (ergebnis.GZ.Contains(z));
33        ergebnis.GZ.Add(z);
34      }
35      ergebnis.GZ.Sort();
36      ergebnis.SZ = _rnd.Get(0, 9);
37      return ergebnis;
38    }
39
40    public int Pruefe(long iterationen)
41    {
42      int gewinne = 0;
43      for (long i = 0; i < iterationen; ++i)
44      {
45        var zahlen = Ziehung();
46
47        if (zahlen.SZ != MeineZahlen.SZ)
48          continue;
49
50        bool ok = true;
51        for (int j = 0; j < 6; ++j)
52        {
53          ok = zahlen.GZ[j] == MeineZahlen.GZ[j];
54          if (!ok) break;
55        }
56        if (!ok) continue;
57        ++gewinne;
58      }
59      return gewinne;
60  }}
```

Listing 1.3 enthält unsere Klasse zur Generierung von Zufallszahlen. Wir verwenden System.Random und beim Erstellen einer Instanz dieses Typs muss dieser mit einem sog. Seed-Wert initialisiert werden. Die Krux hierbei ist, würde man an dieser Stelle für Seed immer wieder den gleichen Wert verwenden, so kann es vorkommen das man die generierten Zufallszahlen im Vorfeld erraten kann (eine Sicherheitslücke). In unserer Variante wird der Seed-Wert mit einer Kryptographie-Bibliothek erstellt und zwar mit der Hilfe des Windows-Dienstes

`RNGCryptoServiceProvider`[5]. Dieser Dienst arbeitet unter Einbeziehung der sog. Betriebssystementropie[6]; das sind Werte wie die aktuelle Prozessorgeschwindigkeit, Rauschen von Sounddaten oder auch die aktuelle Prozessortemperatur. Für unsere Lottoanalyse vielleicht ein wenig übertrieben, aber es kostet uns auch keine Performance einen solchen generierten Zufallszahlenwert für die Initialisierung des „einfachen" Zufallszahlengenerator zu verwenden. Diese Initialisierung wird für die Variante A und Variante B verwendet.

Listing 1.3: Zufallszahlengenerator unter Einbeziehung einer Kryptographie-Bibliothek

```
 1  public class Randomize
 2  {
 3    private readonly System.Random Rnd;
 4    public Randomize()
 5    {
 6      using (var rg =
 7        new System.Security.Cryptography.RNGCryptoServiceProvider())
 8      {
 9        var rno = new byte[5];
10        rg.GetBytes(rno);
11        var randomvalue = System.BitConverter.ToInt32(rno, 0);
12        Rnd = new System.Random(randomvalue);
13      }
14    }
15
16    public int Get(int min, int max) => Rnd.Next(min, max);
17  }
```

1.1.2 Variante B

In der Variante B wurden einige Teile von Variante A wenig bis größer umgebaut. Die `Main()`-Methode wurde fast komplett übernommen, hier hat sich nur der Aufruf der `Pruefe()`-Methode verändert, nämlich um den Parameter `splits`; an dieser Stelle mit zehn substituiert.

Listing 1.4: Variante B der **6aus49**-Prüfanwendung

```
 1  using System.Diagnostics;
 2  using C = System.Console;
 3
 4  class Program
 5  {
 6    public const int MaxZiehungenStatistik = 139838160;
 7    public const int N = MaxZiehungenStatistik;
 8
 9    static void Main()
10    {
11      Lotto6aus49_B lotto = new Lotto6aus49_B();
12      C.WriteLine("Meine Zahlen: {0}", lotto.MeineZahlen);
13
14      var sw = new Stopwatch(); sw.Start();
```

---

[5] msdn.microsoft.com/en-us/library/aa331373(v=vs.71).aspx

[6] de.wikipedia.org/wiki/Zufallszahlengenerator

```
15      var gewinne = lotto.Pruefe(N, 10);
16      sw.Stop();
17
18      C.WriteLine("Pruefung dauerte: {0}s ({1:g})",
19        sw.Elapsed.TotalSeconds, sw.Elapsed);
20      C.WriteLine("Sie haben {0} mal gewonnen.", gewinne);
21    }
22  }
```

Listing 1.5 enthält die performantere Klasse Lotto6aus49_B. Die auffälligsten Änderungen sind wie folgt:

Arrays Die Anzahl der Zahlen für Ziehungen bei unserem Lotto sind bekannt. Wir können direkt mit Indexzugriffen arbeiten anstatt diese Arbeit spezialisierten Klassentypen zu überlassen. Wir übernehmen die Verantwortung der korrekten Adressierung in diesem deterministischen System.

yield Gerade in unserem speziellen Szenario ist es nicht erforderlich erst eine komplette Ziehung von sechs Zahlen plus der Superzahl durchzuführen. Wobei diese Zahlen daraufhin in einer Zwischenablage vorzuhalten sind um dann eben diese mit unseren eigenen Gewinnzahlen zu vergleichen. Mit yield existiert ein Mechanismus um dieses Prozedere immens zu vereinfachen und zu beschleunigen (s. Abschn. 10.3.3).

Parallel.ForEach Mit parallel ausführenden Schleifen kann „aufteilbare Arbeit" auf unterschiedliche Prozessoren verteilt werden. Gerade in der heutigen Zeit bei Multikernprozessoren eine große Chance die Applikationsperformance zu verbessern (ab Seite 123).

goto In der heutigen Zeit scheint es keine gute Idee zu sein mit goto-Anweisungen zu arbeiten [3, 4, 5, 18]. Allerdings kann die Verwendung von goto in bestimmten Szenarien die Codelesbarkeit erhöhen und die unnötige Erstellung von Hilfsvariablen und zugehörigen if-else-Konstrukten eliminieren. Die Verwendung von goto kann somit die Codeperformance verbessern, wenn entsprechende Bereitstellungen von Variablen und deren Überprüfung nicht mehr stattfinden. Es muss ganz klar zwischen Performance, Lesbarkeit und Wartbarkeit abgewogen werden.

Listing 1.5: Variante B der Lotto **6aus49**-Prüfanwendung

```
1   public struct ZiehungsErgebnis
2   {
3     public int[] GZ; // Gewinnzahlen
4     public int SZ; // Superzahl
5     public override string ToString()
6     {
7       return string.Format("{0},{1},{2},{3},{4},{5} [{6}]",
8         GZ[0], GZ[1], GZ[2],
9         GZ[3], GZ[4], GZ[5],
10        SZ);
11    }
12  }
13
```

```
14  public class Lotto6aus49_B
15  {
16    public ZiehungsErgebnis MeineZahlen;
17
18    public Lotto6aus49_B()
19    {
20      var rnd = new Randomize();
21      MeineZahlen = Ziehung(rnd);
22    }
23
24    public ZiehungsErgebnis Ziehung(Randomize rnd)
25    {
26      var alreadyTaken = new List<int>();
27      var it = GetZiehung(rnd, alreadyTaken);
28
29      it.MoveNext();
30
31      var ergebnis = new ZiehungsErgebnis
32      {
33        SZ = it.Current,
34        GZ = new[] {0,0,0,0,0,0}
35      };
36
37      for (int i = 0; i < 6; ++i)
38      {
39        it.MoveNext();
40        ergebnis.GZ[i] = it.Current;
41      }
42
43      Array.Sort(ergebnis.GZ);
44      return ergebnis;
45    }
46
47    private int GetNo(Randomize rnd, List<int> alreadyTaken)
48    {
49      while (true)
50      {
51        var n = rnd.Get(1, 49);
52        if (!alreadyTaken.Contains(n))
53        {
54          alreadyTaken.Add(n);
55          return n;
56        }
57      }
58    }
59
60    public IEnumerator<int> GetZiehung(
61        Randomize rnd, List<int> alreadyTaken)
62    {
63      alreadyTaken.Clear();
64      yield return rnd.Get(0, 9);
65      for (int i = 0; i < 6; ++i)
66        yield return GetNo(rnd, alreadyTaken);
67    }
68
69    public int Pruefe(long iterationen, int splits)
70    {
71      int localGewinne = 0;
72      int splitLength = (int)iterationen / splits+1;
73      var rangePartitioner = Partitioner.Create(0,
74                    iterationen, splitLength);
75      Parallel.ForEach(rangePartitioner, (range, loopState) =>
76      {
77        var localZahlen = MeineZahlen;
78        var localRnd = new Randomize();
79        var alreadyTaken = new List<int>();
80
```

```
81      for (long i = range.Item1; i < range.Item2; ++i)
82      {
83        var it = GetZiehung(localRnd, alreadyTaken);
84
85        it.MoveNext();
86
87        if (localZahlen.SZ != it.Current)
88          continue;
89
90        for (int j = 0; j < 6; ++j)
91        {
92          it.MoveNext();
93          var v = it.Current;
94          if (Array.IndexOf(localZahlen.GZ, v) == -1)
95            goto Next;
96        }
97        ++localGewinne;
98        Next:
99          continue;
100       }
101     });
102     return localGewinne;
103   }
104 }
```

1.1.3 Was bremst Variante A?

Die Kernfrage an dieser Stelle ist einzig und allein der Grund nach dem Flaschenhals in Variante A. Hierbei bedienen wir uns dem Analysewerkzeug dotTrace
(s. Abschn. 3.2). Das Ergebnis der Analyse ist in Abbildung 1.2 abgebildet.
Eindeutig zu erkennen ist das ein hoher Bedarf an Zeit vorherrscht um für eine Ziehung alle Zufallszahlen zu ermitteln. Wir sprechen hier immerhin von
978.867.120-Aufrufen:

$$n = Wahrscheinlichkeit_{Jackpot} * (6\ Gewinnzahlen + Superzahl)$$
$$= 139838160 * 7$$

Also gilt es diese Anzahl maximal zu minimieren. Es werden doch gar nicht alle sieben Zahlen einer Ziehung benötigt, wenn schon eine einzige Zahl nicht in
unseren Zahlen vorhanden ist könnte man schließlich einfach zur nächsten Ziehung springen. Das Bestcase-Szenario für den Algorithmus wären dann nur noch
$n_{best} = Wahrscheinlichkeit_{Jackpot} * Gewinnzahl$ Ziehungen; es kann somit passieren, dass niemals eine gezogene Zahl in unseren Zahlen vorkommt – doch dies ist
auch sehr unwahrscheinlich, schon dann würde sich die Ausführungsgeschwin-
digkeit mindestens versechsfachen. Allerdings ist dies noch immer keine Verbesserung um das knapp dreißigfache wie weiter vorne gemessen. Hier spielen
mehrere Faktoren eine Rolle die Sie in der Variante B, im Listing 1.5, analysieren
können und worauf ab Seite 123 weiter eingegangen wird.

```
⊿  Main Thread • 71,018 ms
  ⊿ 99.60 %  Main • 70,736 ms • Lotto6aus49.Program.Main
    ⊿ 99.59 %  Pruefe • 70,728 ms • Lotto6aus49.Lotto6aus49_A.Pruefe(Int64)
      ⊿ 96.59 %  Ziehung • 68,595 ms • Lotto6aus49.Lotto6aus49_A.Ziehung
        ⊿ 45.16 %  Get • 32,074 ms • Lotto6aus49.Randomize.Get(Int32, Int32)
          ▼ 33.83 %  Next • 24,026 ms • System.Random.Next(Int32, Int32)
          ▼ 19.55 %  Sort • 13,883 ms • System.Collections.Generic.List`1.Sort
          ▼ 9.70 %  Contains • 6,890 ms • System.Collections.Generic.List`1.Contains(T)
            2.31 %  Add • 1,642 ms • System.Collections.Generic.List`1.Add(T)
          ▼ 1.13 %  List`1..ctor • 800 ms • System.Collections.Generic.List`1..ctor(Int32)
            0.01 %  [Garbage collection] • 10 ms
            0.15 %  get_Item • 109 ms • System.Collections.Generic.List`1.get_Item(Int32)
```

Abb. 1.2: Zeitverhalten der Variante A mit dotTrace analysiert

1.2 Eingrenzung

Dieses Buch soll nicht zum vollumfänglich Erlernen der C#-Programmierspra-
che dienen, vielmehr sollen Kniffe und Fallstricke vorgestellt und erläutert werden, so dass Sie in die Lage versetzt werden qualitativ hochwertigere Software
zu entwickeln. Wir kommen nicht umher trotzdem in einem separaten Bereich
ab Seite 43 die erforderlichen C#-Syntaxregeln vorzustellen, welche in diesem
Buch verwendet werden. Allerdings wird diese Vorstellung kein einfaches Auflis-
ten von Syntaxregeln und semantischen Regelsätzen sein, denn es wird noch ein
Stück weitergegangen und jeweilige Hintergrundtechniken besprochen, z.B. die
Kompilierung oder den IL-Code von C#-Sprachelementen. Auch wenn Sie der
Meinung sind die Sprache C# *gut* bis *sehr gut* zu kennen und zu beherrschen, so
kann ich Ihnen doch ans Herz legen diesen Bereich zu lesen, wenn auch partiell.
Ich bin mir sicher dort einige Dinge vorzustellen die Sie noch nicht kennen, oder
zumindest nicht aus der Perspektive betrachtet haben wie ich Ihnen diese vorstel-
le. Gewappnet mit diesem Wissen geht es dann weiter ab Seite 123 mit Analysen
und Performancemessungen einiger C#-Standardfeatures.

Kapitel 2
Messungen und deren Ziel

Der eine wartet, dass die Zeit sich wandelt,
der andere packt sie kräftig an und handelt.

Dante Alighieri

Wenn über Performance gesprochen wird, dann geht es hauptsächlich darum eine Aufgabe X in einer Zeit t auszuführen. t soll für die Ausführung der Aufgabe X so klein wie möglich sein. Je kleiner t desto höher – oder auch *besser* – ist die Performance der Aufgabe X. Das Verhältnis zwischen zwei Zeitmessungen für die Erfüllung einer identischen Aufgabe nennt man *Speedup* und beschreibt in der allgemeinen Informatik die Minimierung (aber auch Erhöhung) der Ausführungszeit bei sequentieller und paralleler Ausführung. Je größer der Speedup, desto mehr hat sich die Ausführung beschleunigt. Bei einem Speedup-Wert von zwei hat sich die Ausführungszeit halbiert. Der Speedup entstammt im Grunde aus der Betrachtung von parallelen und sequentiellen Algorithmen und deren Gegenüberstellung.

An dieser Stelle muss das **Amdahlsche und Gustafsonsches Gesetz** genannt werden, welche aussagen wie gut ein Programm parallelisiert werden kann [2, 9, 12]. Es geht in beiden Gesetzen um die Ermittlung des erwähnten Speedup, der als die Division von der Zeit der sequenziellen Ausführung und die Zeit der Ausführung der parallelen Ausführung mit p Prozessoren: $S_p = T_1/T_p$ definiert ist, wobei für $T_p = T_1 \cdot ((1-f) + f/p)$ gilt. [13]

Betrachten wir die zwei Fälle, wenn einmal ein Prozessor und einmal fünf Prozessoren für die Lösung einer identischen Aufgabe herangezogen werden. Die Aufgabe besteht darin sich schlafen zu legen und nach einer gewissen Zeit t zu erwachen und die nachfolgenden Aufgaben zu erledigen. Welcher Speedup ist zu erwarten? Angenommen wir haben nur einen Prozessor und die Aufgabe erfordert fünf Sekunden, dann kann man annehmen, dass bei fünf Prozessoren die Gesamtaufgabe nach einer Sekunde erledigt ist. Aus der Gleichung 2.1 ergibt sich daraus ein Speedup von fünf.

$$S_p = \frac{T_1}{T_p} = \frac{T_1}{T_1 \cdot ((1-f) + \frac{f}{p})} \tag{2.1}$$

Mit den Annahmen $p = 5$, $f = 1s$ und der Ausführzeit von $5s$ ohne Anpassung ergibt sich die Berechnung und das Ergebnis von $S_p = 5$ aus Gleichung 2.2.

$$S_p = \frac{T_1}{T_p} = \frac{5s}{5s \cdot ((1 - 1s) + \frac{1s}{5})} = 5 \tag{2.2}$$

Listing 12 enthält eine C#-Konsolenanwendung mit der diese Aufgabe bewerkstelligt wird. In den Zeilen 12 bis 15 wird der aktuelle Prozess für fünf Sekunden zum Schlafen gebracht, der elementare Aufruf ist hierbei die Codezeile `Thread.Sleep(5 * 1000)` die den eigentlichen Schlafvorgang initialisiert und bis zum Ende ausführt. Die restlichen Zeilen sind für die Zeitmessung verantwortlich (s. Kapitel 3.1). In den Zeilen 17 bis 26 werden zur Erledigung der Aufgabe fünf voneinander unabhängige Task erstellt, jeder Task erhält $1/5$ der Gesamtaufgabe, also jeder Task soll eine Sekunde schlafen (in Zeile 22).

Listing 2.1: 5-facher Speedup durch Aufteilung einer Aufgabe

```csharp
1  using System;
2  using System.Diagnostics;
3  using System.Threading;
4  using System.Threading.Tasks;
5
6  namespace AmdahlGustafsonsConsole
7  {
8    class Program
9    {
10     static void Main()
11     {
12       var swSingle = new Stopwatch();
13       swSingle.Start();
14       Thread.Sleep(5 * 1000);
15       swSingle.Stop();
16
17       var listOfTasks = new Task[5];
18       var swMulti = new Stopwatch();
19       swMulti.Start();
20       for (int i = 0; i < 5; ++i)
21       {
22         listOfTasks[i] = new Task(() => Thread.Sleep(1 * 1000));
23         listOfTasks[i].Start();
24       }
25       Task.WaitAll(listOfTasks);
26       swMulti.Stop();
27
28       Console.WriteLine("Single: {0}", swSingle.ElapsedMilliseconds);
29       Console.WriteLine("Multi: {0}", swMulti.ElapsedMilliseconds);
30       Console.ReadLine();
31     }
32   }
33 }
```

Listing 2.2: 5-facher Speedup durch Aufteilung einer Aufgabe

```
1  Single: 5000
2  Multi: 1018
```

Listing 2.2 enthält die Ausgabe der Ausführung. In der ersten Zeile wird das Ergebnis der Zeitmessung für die Gesamtausführung des Fünf-Sekundenschlaf gezeigt, wie zu erwarten sind dies fünftausend Millisekunden. In der zweiten Zeile

ist das Ergebnis der parallel ausgeführten Schlafaufrufe verdeutlicht. Wie zu er-
hoffen war hat sich die Ausführungszeit entscheidend verbessert. Auffällig ist ein
vorhandener Offset von 18*ms*. Dieser Offset kommt aus dem Synchronisationsaufwand zum Erstellen, Starten und Warten auf die jeweiligen Tasks und kann in
dem aktuellen Fall vernachlässigt werden. An dieser Stelle sei angemerkt, dass
man diesen Offset nicht in jedem Fall vernachlässigen kann und es auf die jeweilige Aufgabe ankommt ob eine Parallelisierung überhaupt in Frage kommt. Wenn
der Synchronisationsaufwand um ein vielfaches höher ist als für die Erfüllung der
Aufgabenstellung notwendig wäre, dann darf man zum gegebenen Zeitpunkt das
Für und Wider betrachten um eine sinnvolle Entscheidung zu treffen.

Modifizieren wir das Listing 2.1 geringfügig und lassen wir uns die Ausführungsdauer der einzelnen Tasks anzeigen und geben wir zudem Informationen
über den Ort der Ausführung – also dem Prozessor – aus. Listing 2.3 enthält
eine Abwandlung und Listing 2.4 das dazugehörige Ergebnis. Mit der Funktion GetCurrentProcessorNumber [19] kann man die aktuelle Prozessor-
nummer ermitteln und zwar für den Task der diese Funktion aufruft. Es handelt sich bei der Funktion GetCurrentProcessorNumber() nicht um eine
.NET Framework-Funktion, sondern um eine Systemfunktion aus der Windows-
Systembibliothek Kernel32.dll und muss in Folge dessen erst importiert werden (in Zeile 12) [20]. Der Aufruf der Schlafroutine in Zeile 22 wurde um eine
Zeitmessung und Konsolenausgabe erweitert (in Listing 2.4).

Im Ergebnis der Einzelzeitmessungen in Listing 2.4 ist gut zu erkennen das die
jeweiligen Einzelaufgaben, wie zu erwarten war, genau eine Sekunde benötigen.
Jede Einzelaufgabe wurde tatsächlich parallel und auf unterschiedlichen Prozessorkernen ausgeführt, vgl. dazu die Zeilen 1 bis 5. Die Zeitmessung aller Aufrufe zusammen hat trotzdem sieben Millisekunden länger gedauert, wieder gibt
es einen geringfügigen Mehraufwand (auch *Overhead* genannt) zum Initialisieren, Starten und Beenden der jeweiligen Tasks. Ein Blick in den Sourcecode der
Implementierung von Task.WaitAll(..) kann uns relativ viel über den Aufwand verraten der betrieben wird um auf das Beenden der Tasks zu warten [21].
Der Mehraufwand von rund zehn Millisekunden ist vertretbar.

Listing 2.3: Ermittlung der Ausführungsdauer einzelner Tasks und Ermittlung des
ausführenden Prozessorkerns

```
1    using System.Diagnostics;
2    using System.Runtime.InteropServices;
3    using System.Security;
4    using System.Threading;
5    using System.Threading.Tasks;
6    using C = System.Console;
7
8    namespace AmdahlGustafsonsConsole2
9    {
10       class Program
11       {
12          [DllImport("Kernel32.dll"), SuppressUnmanagedCodeSecurity]
13          public static extern int GetCurrentProcessorNumber();
14
```

```
15    static void Main()
16    {
17        var listOfTasks = new Task[5];
18        var swMulti = new Stopwatch();
19        swMulti.Start();
20        for (int i = 0; i < 5; ++i)
21        {
22            listOfTasks[i] = new Task(() =>
23            {
24                var swLocal = new Stopwatch();
25                swLocal.Start();
26                Thread.Sleep(1 * 1000);
27                swLocal.Stop();
28                C.WriteLine(" > Local: {0} [CoreId = {1}]",
29                    swLocal.ElapsedMilliseconds,
30                    GetCurrentProcessorNumber());
31            });
32
33            listOfTasks[i].Start();
34        }
35        Task.WaitAll(listOfTasks);
36        swMulti.Stop();
37
38        C.WriteLine("Multi: {0}", swMulti.ElapsedMilliseconds);
39        C.ReadLine();
40    }
41 }
42 }
```

Listing 2.4: Ausführungsdauer der Tasks auf unterschiedlichen Prozessorkernen

```
1    > Local: 1000 [CoreId = 4]
2    > Local: 1000 [CoreId = 0]
3    > Local: 1000 [CoreId = 5]
4    > Local: 1000 [CoreId = 3]
5    > Local: 1000 [CoreId = 2]
6  Multi: 1007
```

Kapitel 3
Grundlagen der Zeitmessung

Zeit ist das, was man an der Uhr abliest.

Albert Einstein

In diesem Buch wird hauptsächlich mit Windows gearbeitet. Die Fallbeispiele in diesem Buch werden in der Regel (wenn nicht anders angegeben) mit Windows ausgeführt, analysiert und besprochen. Die Implementierungen finden mit dem .NET Framework statt. Da auch andere Betriebssysteme nicht mehr wegzudenken sind und auch immer mehr Anklang finden, hat sich Microsoft dazu entschlossen ihr eigentlich nur für Windows entwickeltes .NET Framework auch auf andere Systeme zu portieren. Die populärsten Betriebssysteme sind mit Sicherheit Windows, Mac OS und unterschiedlichste Linux-Derivate. Falls Sie eine Applikation für diese drei Betriebssysteme umzusetzen gedenken, dann empfiehlt sich die Verwendung von .NET Core[1] welches hauptsächlich für diesen Zweck entworfen wurde. Generell sollte es mit .NET Core weitestgehend möglich sein, reine Konsolenanwendungen zu entwickeln[2]. Wie dem auch sei, das .NET Framework ebenso wie .NET Core vereinfachen die Zugriffe auf zahlreiche Prozessinformationen um ein Vielfaches. Dazu mehr in den nachfolgenden Abschnitten.

3.1 Messen von Software

Das .NET Framework (s. Kapitel 3) erleichtert uns das Erstellen von Messungen und der Profilierung von Anwendungen. Hierbei abstrahiert das .NET Framework die Prozessorebene sehr stark. Der Prozessor selbst wird seit Jahrzehnten von unterschiedlichen Betriebssystemen verwaltet. Das Betriebssystem ist somit eine Art Schaltzentrale für den Prozessor der die eigentliche Ausführung von Applikationen durchführt. In welcher Form Eingabedaten an die Applikation, welche für die Ausführung erforderlich sind, eingereicht werden hängt ganz vom Anwendungsfall einer Applikation sowie den Wünschen des Entwicklers oder Anwenders ab. Am Ende ist es das Betriebssystem welches die zahlreichen Datenkanäle,

---

[1] www.microsoft.com/net/download

[2] de.wikipedia.org/wiki/.NET_Core

Statusinformationen eines Prozesses, Pausen oder Terminierungen von Prozessen verantwortet und somit zu jedem Zeitpunkt Informationen zu den jeweiligen Prozessen zur Verfügung stellen kann. Es liegt am Entwickler diese Informationen entsprechend zu nutzen und diese auch richtig für evtl. geplante Verbesserungen zu deuten. Wichtige Informationen die uns interessieren sind u.a.

- Ausführungszeit von Applikationen, Funktionen oder Methoden, aber auch
- unterschiedliche Arten von Speicherverbrauch.

Wenn es darum geht die Ausführungszeit einer Funktion zu messen, dann ist der erste Gedanke bei den meisten von uns:

Man nehme Zeitpunkt t_1 und merkt sich diesen. Daraufhin wird die zu messende Funktion f ausgeführt. Nach Beendigung wird der Zeitpunkt t_2 vorgehalten. Aus der Differenz $t_2 - t_1$ ergibt sich die Ausführdauer der Methode f.

Dieser Ansatz ist schlüssig und auch problemlos zu nutzen, solange man auf die richtigen Funktionen zum Ermitteln der jeweiligen Zeitpunkte t_1 und t_2 setzt. Listing 3.1 enthält in einem Beispiel die Zeitmessungsansätze die in diesem Buch verwendet werden. Diese sind die zwei folgenden Systembibliothekfunktionen

- `QueryPerformanceCounter` (QPC) und
- `QueryPerformanceFrequency` (QPF).

Auch das .NET Framework bietet eine Möglichkeit:

- .NET Framework-Klasse `Stopwatch`[3].

Die Stopwatch-Klasse ist nicht einmal zweihundert Zeilen lang und recht überschaubar aber doch entscheidend für unsere Zwecke. Aber wenden wir unser Augenmerk doch vorher kurz zu den zwei erwähnten Funktionen in den Zeilen 10 bis 15. Mit QPF kann die Prozessorgeschwindigkeit eines Prozessorkerns auf Ihrem System abgefragt werden. Tabelle 3.2 beinhaltet eine Liste von Werten von unterschiedlichen Prozessoren. Auffällig ist hierbei, dass kein einziger Wert der Produktbeschreibung entspricht, anstatt $4GHz$ scheinen nur $3,9GHz$ nutzbar zu sein, dies wird in Abschnitt 3.3 näher betrachtet.

Listing 3.1: Ermittlung der `Stopwatch`-Frequenz

```
1   using System.Diagnostics;
2   using System.Runtime.InteropServices;
3   using System.Threading;
4   using C = System.Console;
5
6   namespace FrequencyConsole
7   {
8     class Program
9     {
10       [DllImport("Kernel32.dll")]
11       private static extern bool
12         QueryPerformanceCounter(out long lpPerformanceCount);
13       [DllImport("Kernel32.dll")]
14       private static extern bool
```

---

[3] github.com/Microsoft/referencesource

```
15        QueryPerformanceFrequency(out long lpFrequency);
16
17    static void Main()
18    {
19        if (QueryPerformanceFrequency(out var lpFrequency))
20            C.WriteLine("lpFrequency:        {0}", lpFrequency);
21        QueryPerformanceCounter(out var perfCnt0);
22        Thread.Sleep(2500);
23        QueryPerformanceCounter(out var perfCnt1);
24        C.WriteLine("Elapsed (sec):      {0}",
25            (perfCnt1 - perfCnt0) / (double)lpFrequency);
26
27        C.WriteLine("IsHighResolution:  {0}",
28            Stopwatch.IsHighResolution);
29        C.WriteLine("Frequency:         {0}",
30            Stopwatch.Frequency);
31        Stopwatch sw = new Stopwatch();
32        sw.Start(); Thread.Sleep(2500); sw.Stop();
33        double ticks = sw.ElapsedTicks;
34        double seconds = ticks / Stopwatch.Frequency;
35        C.WriteLine("Ticks:             {0}", ticks);
36        C.WriteLine("Seconds:           {0}", seconds);
37        C.ReadLine();
38    }
39  }
40 }
```

Listing 3.2: Ergebnis der Ausführung von Listing 3.1

```
1  lpFrequency:       3914065
2  Elapsed (sec):     2.50053767630328
3  IsHighResolution:  True
4  Frequency:         3914065
5  Ticks:             9785925
6  Seconds:           2.50019481025481
```

3.1.1 QPC und QPF

Zurück zu den angesprochenen Funktionen QPC und QPF, mit diesen zwei Funktionen kann sehr präzise die Zeit zwischen zwei Messpunkten ermittelt werden. Denn mit QPF erhalten wir die Anzahl der Taktzyklen die der Prozessor in genau einer Sekunde ausführt. Das heißt, Prozessorbefehle die nur einen Takt erfordern, können entsprechend oft ausgeführt werden. Die Anzahl der Taktzyklen hängt vom jeweiligen Befehl sowie von dem Prozessor selbst ab.[4] Die QPC-Funktion liefert die Anzahl an Ticks seit dem Zeitpunkt t_0. Der Zeitpunkt t_0 ist nicht allgemein spezifiziert und kann unterschiedliche Zeitpunkte beschreiben:

- Zeitpunkt *seit* dem Systemstart
- Zeitpunkt an dem *in* den Suspend-/Hibernate-Modus gewechselt ist
- oder der Zeitpunkt an dem das System *aus* dem Suspend-/Hibernate-Modus reaktiviert wurde.

---

[4] Interessierten Lesern empfehle ich das Arbeiten mit Microchip oder Atmel Mikrocontrollern, mit diesen Kleinstcomputern kann man wunderbar Assemblerbefehle studieren und untersuchen.

Es ist nicht garantiert was dieser Wert beschreibt. Denn dafür ist dieser auch nicht gedacht, denn er sollte für Deltaermittlungen zwischen zwei Punkten verwendet werden. Der QPC dient zur Ermittlung von hochpräzisen Zeitpunkten, das heißt die Abweichung des QPC liegt bei $\pm 1Hz$ [22] – das ist sehr genau und für unsere Zwecke mehr als ausreichend. Da das Delta zwischen zwei QPC-Werten die Anzahl der Ticks ist die in dieser Zeitspanne durchgeführt wurden, und, da der QPF die Anzahl der Ticks in einer Sekunde sind, muss praktischer Weise nur der Quotient errechnet werden und wir erhalten einen Fließkommawert der die erforderliche Zeit in Sekunden liefert. In den Zeilen 19 bis 25 wird dies einmal durchgeführt und wir erhalten ein sehr genaues Ergebnis wie in Listing 3.2 in Zeile 2 zu sehen ist.

3.1.2 Stopwatch

Die zweite Möglichkeit um Zeiten zu messen bietet die Klasse `Stopwatch`. Grob betrachtet ist `Stopwatch` eine einfache Abstraktion der Funktionen QPC und QPF. Im statischen Konstruktor der Klasse wird geprüft ob die Funktion QPF zur Verfügung steht und es von daher um eine hochauflösende Messung (also `IsHighResolution` in den Zeilen 9ff) handelt. Die Anzahl Prozessorticks wird in `Frequence` vorgehalten. In nachfolgenden Zeilen wird ein Koeffizient zur Ergebnisberechnung errechnet und in `tickFrequency` abgelegt. Beim Aufruf von `Start` (in Zeile 23) wird mit `GetTimestamp()` der aktuelle Wert von QPC ermittelt (in den Zeilen 73 bis 77). Beim Aufruf von `Stop` wird ein zweiter QPC-Wert ermittelt und das Delta zum ersten QPC-Wert errechnet (in Zeile 36ff). `elapsed` ist beim nicht statischen Konstruktor der Klasse auf Null gesetzt worden, weshalb eine Addition in Zeile 38 nun das aktuelle Delta seit Aufruf von `Start()` enthält. `ElapsedTicks` liefert am Ende dann das Delta zurück und kann für weitere Betrachtungen verwendet werden. Eine direkte Umrechnung des Delta in Millisekunden bietet `ElapsedMilliseconds`, wobei intern der zuvor erwähnte Koeffizient `tickFrequency` zur Errechnung der Millisekunden herangezogen wird (in Zeile 65). Das am Ende das gleiche Ergebnis wie bei der Verwendung von QPF und QPC herauskommt kann in Listing 3.2 geprüft werden. Die Zeilen 5 und 6 zeigen die gleichen Ergebnisse.

Listing 3.3: Pseudocode der `System.Diagnostic`

```
1   namespace System.Diagnostics
2   {
3     public class Stopwatch
4     {
5       [..]
6       static Stopwatch()
7       {
8         bool succeeded =
9           SafeNativeMethods.QueryPerformanceFrequency(out Frequency);
10        if (!succeeded)
11        {
12          IsHighResolution = false;
```

```
13          [..]
14        }
15        else
16        {
17          IsHighResolution = true;
18          tickFrequency = TicksPerSecond;
19          tickFrequency /= Frequency;
20        }
21      }
22
23      public void Start()
24      {
25        if (!isRunning)
26        {
27          startTimeStamp = GetTimestamp();
28          isRunning = true;
29        }
30      }
31
32      public void Stop()
33      {
34        if (isRunning)
35        {
36          long endTimeStamp = GetTimestamp();
37          long elapsedThisPeriod = endTimeStamp - startTimeStamp;
38          elapsed += elapsedThisPeriod;
39        }
40      }
41
42      public long ElapsedMilliseconds
43      {
44        get { return GetElapsedDateTimeTicks()/TicksPerMillisecond; }
45      }
46
47      public long ElapsedTicks
48      {
49        get { return GetRawElapsedTicks(); }
50      }
51
52      private long GetRawElapsedTicks()
53      {
54        long timeElapsed = elapsed;
55        [..]
56        return timeElapsed;
57      }
58
59      private long GetElapsedDateTimeTicks()
60      {
61        long rawTicks = GetRawElapsedTicks();
62        if( IsHighResolution)
63        {
64          double dticks = rawTicks;
65          dticks *= tickFrequency;
66          return unchecked((long)dticks);
67        }
68        [..]
69      }
70
71      public static long GetTimestamp()
72      {
73        if (IsHighResolution)
74        {
75          long timestamp = 0;
76          SafeNativeMethods.QueryPerformanceCounter(out timestamp);
77          return timestamp;
78        }
79        [..]
```

```
80      }}
81      }
82  }
```

3.2 Irrwege der Zeitmessung

In den Abschnitten 3.1.1 und 3.1.2 haben wir zwei einfache aber doch effiziente Methoden zur Messung von Zeitaufwänden bei Ausführung von Programmabschnitten kennengelernt. In beiden Fällen wird ein Delta ermittelt und dieses dann zu einem menschenfreundlichen Zeitwert umgerechnet. Das heißt aus *Prozessorticks* werden *Sekunden*. Kann man dies nicht auch mit anderen Zeitfunktionen aus dem .NET Framework erreichen? Für das Abfragen der aktuellen Zeit steht die Klasse `DateTime`[5] zur Verfügung. Listing 3.4 zeigt wie man die aktuelle Uhrzeit abfragen kann. Erfreulicherweise übernimmt der Aufruf von `DateTime.Now` auch direkt die Umrechnung in die aktuelle Zeitzone die auf dem Rechner eingestellt ist – dies ist allerdings nicht immer von Vorteil wie wir noch sehen werden. Sollte die Einbeziehung der Zeitzone nicht gewünscht sein, so können Sie auf die sog. UTC-Zeit[6] zugreifen.

Listing 3.4: `System.DateTime` zum Ermitteln vom Uhrzeit und Datum

```
1   static void Main()
2   {
3     C.WriteLine("Uhrzeit: {0}", DateTime.Now.ToShortTimeString());
4     C.WriteLine("Datum: {0}", DateTime.Now.ToShortDateString());
5     C.ReadLine();
6   }
7
8   // Ausgabe:
9   // Uhrzeit: 8:32 AM
10  // Datum: 9/21/2018
```

Wagen wir ein Experiment und untersuchen wir wie sich die Deltaberechnung zwischen zwei Zeitpunkten verhält. Für diese Untersuchung haben wir in Listing 3.5 ein Programm vorbereitet welches drei unterschiedliche Funktionen beinhaltet:

(1) `CallA()` (in Zeile 34),
(2) `CallB()` (in Zeile 46) und
(3) `CallC()` (in Zeile 58).

Die Funktionen dienen der statistischen Auswertung der in den vorangegangenen Abschnitten diskutierten Möglichkeiten Zeitmessungen durchzuführen. Dabei werden Pseudorechnungen (in Zeilen 29ff) durchgeführt und diese jeweils mehrere tausendmal wiederholt. Die drei Funktionen beinhalten folgendes:

---

[5] referencesource.microsoft.com/#mscorlib/system/datetime.cs

[6] www.iso.org/iso-8601-date-and-time-format.html

CallA()   Verwendung der Klasse `Stopwatch`, einhundert Iterationen durchführen, jeweils den *Satz des Pythagoras* anwenden

CallB()   Verwendung von `System.DateTime.Now` als Zeitpunktwert, einhundert Iterationen durchführen, jeweils den „Satz des Pythagoras" anwenden

CallC()   Verwendung von `System.DateTime.UtcNow` als Zeitpunktwert, einhundert Iterationen durchführen, jeweils den „Satz des Pythagoras" anwenden

Listing 3.5: Verwendung von `Stopwatch`, `System.DateTime.Now` und `System.DateTime.UtcNow`

```
1   using System;
2   using System.Diagnostics;
3   using System.Linq;
4   using Measurements;
5   using C = System.Console;
6
7   namespace MeasureTimeConsole
8   {
9     class Program
10    {
11      const int N = 1000000;
12      static readonly Random Rnd;
13      static double[] _swResultsA = new double[N];
14      static double[] _swResultsB = new double[N];
15      static double[] _swResultsC = new double[N];
16
17      static Program()
18      {
19        Rnd = new Random();
20
21        for (var i = 0; i < N; ++i)
22        {
23          _swResultsA[i] = 0;
24          _swResultsB[i] = 0;
25          _swResultsC[i] = 0;
26        }
27      }
28
29      static double Pythagoras(double a, double b)
30      {
31        return Math.Sqrt(a * a + b * b);
32      }
33
34      static void CallA()
35      {
36        for (int i = 0; i < N; ++i)
37        {
38          var sw = new Stopwatch();
39          sw.Start();
40          var c = Pythagoras(Rnd.Next(10), Rnd.Next(10));
41          sw.Stop();
42          _swResultsA[i] = sw.ElapsedMilliseconds;
43        }
44      }
45
46      static void CallB()
47      {
48        for (int i = 0; i < N; ++i)
49        {
```

```
50        var dtBegin = DateTime.Now;
51        var c = Pythagoras(Rnd.Next(10), Rnd.Next(10));
52        var dtEnd = DateTime.Now;
53        var dtDelta = dtEnd − dtBegin;
54        _swResultsB[i] = dtDelta.TotalMilliseconds;
55      }
56    }
57
58    static void CallC()
59    {
60      for (int i = 0; i < N; ++i)
61      {
62        var dtBegin = DateTime.UtcNow;
63        var c = Pythagoras(Rnd.Next(10), Rnd.Next(10));
64        var dtEnd = DateTime.UtcNow;
65        var dtDelta = dtEnd − dtBegin;
66        _swResultsC[i] = dtDelta.TotalMilliseconds;
67      }
68    }
69
70    static void Main()
71    {
72      C.WriteLine(" #### Stopwatch #### ");
73      CallA();            Show(ref _swResultsA);
74
75      C.WriteLine(" #### DateTime #### ");
76      CallB();            Show(ref _swResultsB);
77
78      C.WriteLine(" #### DateTime (Utc) #### ");
79      CallC();            Show(ref _swResultsC);
80    }
81
82    static void Show(ref double[] values)
83    {
84      C.WriteLine("Min:     {0}", values.Min());
85      C.WriteLine("Max:     {0}", values.Max());
86      C.WriteLine("Median:  {0}", values.GetMedian());
87      C.WriteLine("Average: {0}", values.Average());
88    }
89  }
90 }
```

Tabelle 7.1 liefert das Ergebnis für die Untersuchung. Es fällt auf das `Stopwatch` augenscheinlich die schnellste und zuverlässigste Messmethode ist. In jedem Fall der N Durchläufe hat die Ausführung weniger als Null Millisekunden gedauert. Wir geben an dieser Stelle Millisekunden aus, da die drei Messmethoden auf unterschiedlichen Tick-Basiswerten arbeiten (s. Abschn. 3.3). Nach `Stopwatch` folgt `DateTime.UtcNow`, doch woher kommt der immens große Unterschied beider Messwerte im Vergleich zu `DateTime.Now`. Der negativ zu betrachtende Speedup (s. Kapitel 2) liegt hier immerhin bei $S = {}^{0,0006974116}/_{0,0000380185} \approx 18$, also je höher hier der Wert desto langsamer ist die Ausführung.

Um dies herauszufinden stehen mindestens zwei Möglichkeit zur Verfügung:

Tabelle 3.1: Ergebnis der unterschiedlichen Zeitmessungen aus Listing 3.5

Name	Min. [ms]	Max. [ms]	Median [ms]	Average [ms]
Stopwatch	0	0	0	0
DateTime.Now	0	6.4996	0	0.000697411
DateTime.UtcNow	0	0.5127	0	3.80185E-05

1. Wir können die Ausführung mit Tools, wie z.b. `dotTrace`[7] von JetBrains, analysieren oder `VisualStudio`[8] von Microsoft, oder .NET Reflector von Red Gate Software[9],
2. wir könnten direkt in den Sourcecode von `DataTime.Now` schauen.

3.2.1 Analyse mit `dotTrace`

Mit dotTrace haben wir ein sehr gut zu bedienendes Werkzeug zur Hand das uns sehr detailliert die Ausführung einer Applikation im Detail und auf Instruktionsebene aufzeigen kann. Einmal gestartet muss man sich nur an die auszuwertende Applikation auf Prozessebene verbinden. Für die in den Abbildungen 3.1 und 3.2 haben wir folgende Einstellungen gewählt: (a) „**Sampling**" Modus und (2) „**Real time (performance counter)**" – nachzulesen in der Dokumentation zu `dotTrace`[10].

Abbildung 3.1 beinhaltet auf der rechten Seiten eine Baumansicht. Diese Baumansicht veranschaulicht die hierarchischen Aufrufstufen der Applikation aus Listing 3.5. Die Reihenfolge ist nicht nach der Aufrufbeschreibung der Applikation, sondern sortiert nach dem zeitlichen Bedarf der jeweiligen Ausführungen. Analog zu den Ergebnisse aus Tabelle 7.1 ist unschwer zu erkennen, dass der Aufruf zur Messung von `DateTime.UtcNow(CallB())` am „teuersten", also am meisten Zeit für die Ausführung benötigt. Die anderen beiden Aufrufe können an dieser Stelle vernachlässigt werden, denn im Verhältnis von Laufzeit der jeweiligen Berechnung zur Gesamtausführung der Applikation, sind diese beiden Ausführungen unwichtig in der Betrachtung. Der Flaschenhals liegt ganz offensichtlich in `CallB()`.

Für die weitere Betrachtung wechseln wir zu Abbildung 3.2. Lassen wir uns

---

[7] www.jetbrains.com/profiler/

[8] visualstudio.microsoft.com

[9] www.red-gate.com/products/dotnet-development/reflector/index

[10] www.jetbrains.com/help/profiler/Get_Started_with_Performance_Viewer.html

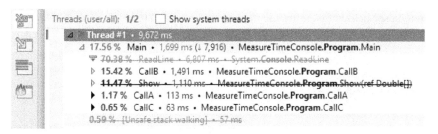

Abb. 3.1: Bedarf an Zeit der Aufrufe: CallA(), CallB() und CallC()

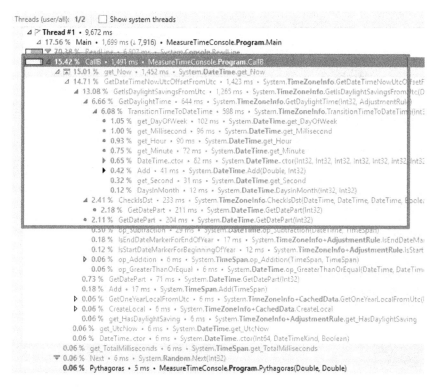

Abb. 3.2: Detailansicht für CodeB() und der nachgelagerten internen Funktionsaufrufe

die einzelnen Unteraufrufe aufklappen und schauen was alles beim Aufruf von CallB() passiert. Erstaunlich, es werden Informationen zu Zeitzonen ermittelt und zudem auch geprüft ob wir Sommer- oder Winterzeit haben (hier mit GetIsDaylightSaving*()-Aufrufen). Alles Dinge die für die Berechnung von Laufzeiten absolut nicht erforderlich sind. Bei einer Laufzeitberechnung wird generell nur ein Deltazeitwert benötigt, mit welcher Einheit oder sonstigen Faktoren dieser behaftet ist, *darf* nicht zu bedenken sein. Denn jeder Faktor oder jede Einheit kann aus einem reinen Deltawert herausgerechnet werden.

3.2.2 Analyse mit VisualStudio

Mit VisualStudio steht ein Werkzeug zur Verfügung welches in der Regel alle neueren Techniken für das .NET Framework als erstes unterstützt. Dies soll hier aber nicht das Thema sein, auch wenn fast alle Fallbeispiele in diesem Buch mit VisualStudio entwickelt, getestet und gewartet werden.

Wie mit dotTrace (s. Abschn. 3.2) kann auch eine Analyse der Performance eines Algorithmus oder einer Funktion untersucht werden. Wie man eine Applikation entsprechend untersucht, kann bei Microsoft nachgelesen werden[11]. Wir begutachten nur das Resultat und vergleichen diesen mit den Ergebnissen die von dotTrace geliefert werden. Abbildung 3.3 zeigt wie das Analyseergebnis in VisualStudio hervorgehoben wird. Auch dieses Ergebnis zeigt ganz klar den erhöhten zeitlichen Aufwand beim Aufrufen von der CallB-Funktion.

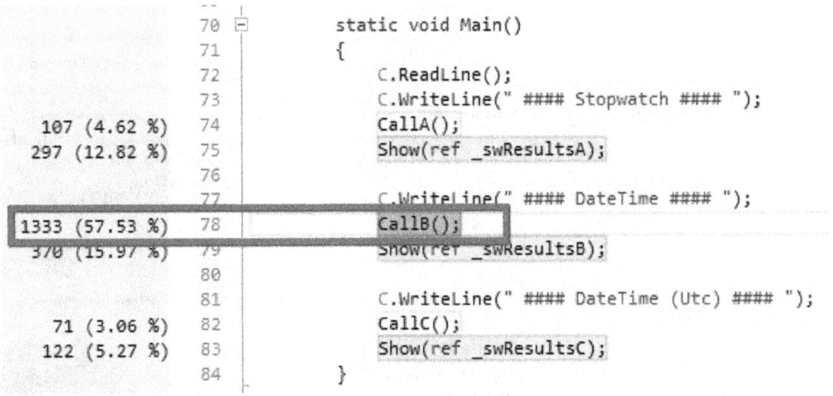

```
                    70        static void Main()
                    71        {
                    72            C.ReadLine();
                    73            C.WriteLine(" #### Stopwatch #### ");
   107 (4.62 %)     74            CallA();
   297 (12.82 %)    75            Show(ref _swResultsA);
                    76
                    77            C.WriteLine(" #### DateTime #### ");
  1333 (57.53 %)    78            CallB();
   370 (15.97 %)    79            Show(ref _swResultsB);
                    80
                    81            C.WriteLine(" #### DateTime (Utc) #### ");
    71 (3.06 %)     82            CallC();
   122 (5.27 %)     83            Show(ref _swResultsC);
                    84        }
```

Abb. 3.3: Aufwand in Prozent für die Ausführung von CallB() im Verhältnis zur Gesamtausführungszeit

---

[11] docs.microsoft.com/en-us/visualstudio/profiling/beginners-guide-to-performance-profiling

Tabelle 3.2: Prozessorfamilien und deren QPF-Werte [$Hz \equiv {}^1\!/_s$]

ID	Prozessor	Ticks pro Sek.
1	Intel® Core™ i7-6700K CPU @ 4.00GHz	3914065
2	Intel® Core™ i7-6700K CPU @ 4.00GHz (VirtualBox) [29]	1000000000
3	Intel® Core™ i7-3740QM CPU @ 2.70GHz	2628330
4	Intel® Core™ i7-4810MQ CPU @ 2.80GHz	2728115
5	Intel® Core™ i7-2610UE CPU @ 1.50GHz (CX2030) [30]	14318180
6	Intel® Celeron® CPU N3150 @ 1.60GHz (Linux x64, Mono) [31]	10000000

3.3 Prozessortick?

In Tabelle 3.2 sind unterschiedliche Prozessoren mit den programmatisch ermittelten Prozessorgeschwindigkeiten aufgelistet. Hierbei erstaunt es, dass kein einziger ermittelter Wert dem des angepriesenen Verkaufswertes entspricht. Bei einem 4GHz-Prozessor scheinen nur rund $3,9GHz$ möglich zu sein. Täuscht uns die „Verpackung" oder messen wir falsch?

Einfach ausgedrückt ist der Prozessortick der QPF-Funktion ein synthetischer Wert (s. Abschn. 3.1.1). Dieser beschreibt einen Hertz-Wert für die Anzahl der Arbeitsschritte die in einer Sekunde durch einen Prozessorkern ausgeführt werden können – die sog. Prozessorgeschwindigkeit. Der QPF-Wert ist nicht synchronisiert und steht für sich alleine[12]. Moderne Prozessoren haben in der Regel eine entsprechende Hardwareeinheit welche mit diesem QPF-Wert getaktet ist und der entsprechende Zähler QPC liefert zu jedem Zeitpunkt den aktuellen Zählstand. Der Quotient dieser beiden Werte liefert einen Zeitwert. Die Klasse `Stopwatch` kann auf zwei Wegen arbeiten:

1. im ersten Fall durch Verwendung des hochauflösenden Hardwarezählers (die erwähnte Hardwarevariante), oder
2. durch die Verwendung eines softwarebasierenden Zählers mit festeingestellten Werte.

Sollte keine entsprechende Hardware vorhanden sein, so wird die zweite Variante als Notfallvariante (sog. `Fallback`) gewählt. Selbst wenn die entsprechende Hardware vorhanden ist, so kann trotzdem auf den Wert der eigentlichen Notfallvariante zurückgegriffen werden.

Listing 3.6: Gegenüberstellung von Tickwerten basierend auf unterschiedlichen Basen

```
1  static void Main()
2  {
3      var sw = new Stopwatch();
```

---

[12] docs.microsoft.com/en-us/windows/desktop/sysinfo/acquiring-high-resolution-time-stamps

```
4    sw.Start();
5    System.Threading.Thread.Sleep(5000);
6    sw.Stop();
7
8    C.WriteLine("Elapsed.Ticks: {0}", sw.Elapsed.Ticks);
9    C.WriteLine("ElapsedTicks:  {0}  ({1}ms)",
10       sw.ElapsedTicks, sw.ElapsedTicks / Stopwatch.Frequency);
11   }
12
13   // Ausgabe:
14   // Elapsed.Ticks: 50003650
15   // ElapsedTicks:  19571739  (5s)
```

Im Listing 3.6 werden beide Werte einmal ermittelt. In Zeile 8 wird der Wert der Notfallvariante ausgegeben und in Zeile 9 der Wert der Hardwarevariante. Die dazugehörigen Ergebnisse: (a) Zeile 14 für die Notfalllösung und (b) Zeile 15 für die Hardwarevariante:

(a)   hier erhalten wir einen Wert von 50.000.000 und für

(b)   erhalten wir einen Wert von unter 20.000.000.

Das Rätsel kann durch einen Blick in der Sourcecode von Stopwatch gelöst werden. Als Notfallvariante wird der DateTime.UtcNow-Wert verwendet, die Ticks dieses Wertes sind mit 100*ns* spezifiziert[13], dies entspricht zehntausend in einer Millisekunde. Mit diesem Wissen kann der Wert in Zeile direkt in Sekunden umgerechnet werden:

$$\text{var secs = sw.Elapsed.Ticks / (10000 * 1000)}$$

Die Werte in der Tabelle 3.2, mit den Zeilen-IDs 1 und 2, sind auf dem gleichen Rechner ermittelt worden. Im ersten Fall direkt im Betriebssystem das direkt mit der Hardware kommuniziert, im zweiten Fall innerhalb eines Gastsystems einer virtuellen Maschine (hier VirtualBox). Die Werte können sich unterscheiden da die virtuelle Maschine augenscheinlich einen entsprechenden Hardwarebaustein emuliert und mehr Ticks liefert. Basierend auf den Standartwerten in der Klasse Stopwatch (in Listing 3.7) ergibt sich der Wert wie folgt:

$$Ticks = TicksPerMillisecond * 1000 * 100 = 1000000000$$

Die zusätzlichen einhundert sind die 100*ns* welche als Auflösung bei der Klasse DateTime und TimeSpan verwendet werden. Dies lässt uns schlussfolgern das VirtualBox zwar eine Hardware für die hochauflösende Messung emuliert, diesen aber intern auf die schon diskutierte Notfalllösung umleitet.

Listing 3.7: Standard-Tickfrequenz wenn hochauflösende Hardware fehlt

```
1    private const long TicksPerMillisecond = 10000;
2    private const long TicksPerSecond = TicksPerMillisecond * 1000;
```

---

[13] docs.microsoft.com/en-us/dotnet/api/system.timespan.ticks

Kapitel 4
Kompilierung: Sourcecode → Exe

Heureka – Hallo Welt!

Unbekannt

Ich bin mehr als ein Jahrzehnt fast ausschließlich C/C++-Softwareentwickler gewesen. Anfangs konnte ich C# nichts abgewinnen, doch heute kann ich diese Sprache mit dessen Möglichkeiten wärmstens empfehlen und ich habe die Ansätze und Techniken hinter dieser Sprache inkl. der notwendigen Infrastruktur lieben gelernt.

Am Anfang jeder Softwareentwicklung steht heute noch immer der einfache Quelltext (engl. *Sourcecode*). In der Vergangenheit gab es zahlreiche Versuche modellgetriebene Entwicklung voranzutreiben, aber das hat sich noch nicht in allen Bereichen der Entwicklung durchgesetzt; zumal modellgetriebene Entwicklung durch das Bestehen von vorhandenen Werkzeugen erst entstehen kann. Das soll nun aber nicht das Thema sein, wir beschäftigen uns in diesem Buch mit dem reinen Sourcecode und eben diesen gilt es „irgendwie" in eine ausführbare Applikation zu überführen. Das wirklich faszinierende an C# ist, dass man eine Applikation in vielen Fällen problemlos auf unterschiedlichsten Rechnern mit unterschiedlichen Architekturen oder Betriebssystemen ausführen kann. D.h. eine Applikation welche Sie vornehmlich für Windows und die 32-Bit-Architektur entwickeln haben „kann" womöglich auch mit Linux oder MacOS ausgeführt werden. Dies sind zumindest die Bestrebungen hinter der *Common Language Runtime* (CLR), dem *.NET Framework* und *.NET Core*[1].

Hierbei ist das CLR die ausführende Komponente und bringt Ihre Applikation zum Start und führt diese aus. Abbildung 4.1 enthält einen vereinfachten Überblick über die Schritte vom Sourcecode bis hin zur Ausführung. Ihr geschriebener Sourcecode wird durch die Werkzeuge der *Common Language Infrastucture* (CLI) in einen CPU-unabhängigen Code, dem *Microsoft Intermediate Language* (MSIL-Code), überführt. Der MSIL-Code wird häufig auch nur *Intermediate Language-Code* (IL-Code) *oder Common Intermediate Language-Code* (CIL-Code) genannt. Der *Just-in-time-Compiler* (JIT-Compiler) übersetzt diesen IL-Code, beim

---

[1] www.microsoft.com/net/download

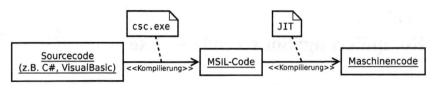

Abb. 4.1: Überblick über die Schritte vom Sourcecode zur Programmausführung

Start und kontinuierlich während der Ausführung, Ihrer Applikation in Maschinencode. Dieser Maschinencode wird dann ausgeführt, wobei der JIT-Compiler hierbei eine entscheide Rolle spielt auf welchen Systemen mit welcher Architektur Ihre Applikation ausgeführt wird. Die CLI-Umsetzung basiert auf dem allgemein anerkannten Standard ECMA-335 [25]. In dieser Spezifikation wird das Grundgerüst des .NET Framework beschrieben und festgelegt, u.a. Standarddatentypen und grundlegendes Typensystem, Festlegung von mindestens verfügbaren Namensbereichen, Regeln für Namensgebungen, wie Funktionen und Methoden auszusehen haben, etc.; ein längeres technisches Dokument welches, wenn von Werkzeugherstellern beherzigt die Möglichkein bietet mit anderen Produkten mit CLI-Support problemlos zusammenzuarbeiten. .NET Framework, .NET Core und Mono sind nur drei Implementierungen der CLI die es ermöglichen Applikation untereinander zu tauschen und auf unterschiedlichen System auszuführen.

4.1 Infrastruktur

Für die Entwicklung von C#-Applikation wird nicht zwingend eine Entwicklungsumgebung wie zum Beispiel Microsofts VisualStudio benötigt. Wenn man auf Werkzeughilfen wie „Syntax Highlighting", „Codevervollständigung", „einklappbare Regionen" oder auch „automatisches Refactoring" verzichten werden kann, dann muss ausschließlich das (i) .NET Framework Software Development Kit (SDK) und bei Bedarf (ii) die .NET Framework Runtime installiert sein. Im SDK befinden sich die Werkzeuge um C#-Sourcecode in ausführbare Applikationen oder *Dynamic Link Libraries* (DLL) bringen.

Abbildung 4.2 enthält die Visualisierung der Prozesskette vom einfachen C#-Sourcecode, hin zu einer ausführbaren Applikation. Hierbei wird im oberen Bereich **(1)** begonnen, am Anfang wird ein entsprechender Sourcecode benötigt; dieser kann wahlfrei in einer Sprache zur Verfügung gestellt werden für die Sie einen entsprechenden Compiler besitzen, der diesen Sourcecode in IL-Code überführt. Mit der Installation des zuvor erwähnten .NET Framework erhalten Sie mindestens Support für C# und VisualBasic. Je nachdem ob Sie C# oder VisualBasic nutzen, müssen Sie den entsprechenden Compiler aufrufen. In dem Fall von C# ist dies **(2a)** `csc.exe` und bei VisualBasic ist dies **(2b)** `vbc.exe`. Der Aufruf einer dieser Compiler erstellt dann wahlweise **(3)**:

Softwarebibliothek   eine *Dynamic Link Library* (DLL), oder eine

Applikation   Datei mit der Endung `.exe` die dann in aller Regel mit einem
Doppelklick ausgeführt werden kann; bei anderen Betriebssystemen wie Linux
oder MacOS könnte diese Endung auch entfallen.

Die neu erstellen Dateien enthalten CPU-unabhängigen *Microsoft Intermediate Language*-Code (MSIL-Code); auch IL-Code genannt und durch die ECMA-
335 [25] spezifiziert. Der IL-Code eines C#- oder VisualBasic-Sourcecode kann
annähernd identisch aussehen, da der IL-Code ein Standardwerk ist und noch
in einem weiteren Schritt mit der Hilfe des (**4**) Just-in-time-Compilers (JIT-
Compilers) beim Lesen und Interpretieren in (**5**) nativen ausführbaren Systemco-
de überführt wird. Dem JIT-Compiler wird es überlassen **wie** der auszuführende
native Code zu erstellen ist, d.h. in diesem Schritt werden auch Optimierungsauf-
gaben übernommen, die dann die Ausführung entsprechend der Systemumgebung
optimieren können.

Der IL-Code in Kombination mit dem JIT-Compiler sind die entscheidenden
Techniken um einmal entwickelten Sourcecode in unterschiedlichen Systemum-
gebungen und mit diversen Rechnerarchitekturen mit der Hilfe des JIT-Compilers
auszuführen. Hierbei kann der Sourcecode auch auf unterschiedlichen Betriebssystemen entwickelt worden sein, wenn an Ende der standardisierte IL-Code zur
Verfügung steht und für das Zielsystem ein JIT-Compiler zur Verfügung steht,
dann kann diese Applikation ausgeführt und eine DLL geladen werden.

4.2 Schritt für Schritt: Erstellung einer Applikation

Nach dem Herunterladen und Installieren des .NET Framework SDK kann direkt
eine Applikation implementiert und zur Verfügung gestellt werden. Listing 4.1
enthält den Sourcecode einer klassischen „Hallo Welt!"-Applikation in C#, die
gleiche Variante finden Sie in Listing 4.2 für VisualBasic.

4.2.1 C# Sourcecode

Übertragen Sie den Sourcecode aus Listing 4.1 in eine Datei und nennen Sie diese
„Programm.cs". Wechseln Sie in die Eingabeaufforderung von Microsofts Win-
dows und wechseln Sie in das Verzeichnis in dem Sie „Programm.cs" abgelegt
haben. Führen Sie dann den Befehl `csc.exe Programm.cs` aus. Nach kurzer
Zeit ist der Befehl komplett ausgeführt und mit `dir` erblicken Sie die neu erstellte
Datei `Programm.exe`. Diese können Sie mit

```
.\Programm.exe
```

ausführen und erhalten die Ausgabe `Hallo Welt!`.

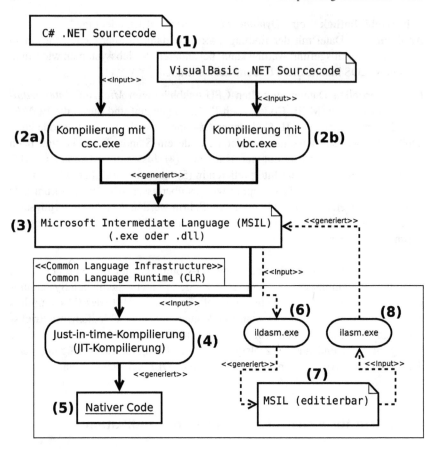

Abb. 4.2: Vom Sourcecode zu einer ausführbaren Applikation oder wiederver-
wendbaren *Dynamic Link Library* (DLL)

Listing 4.1: Klassische „Hallo Welt!"-Applikation in C#

```
1   namespace CSharpIL
2   {
3     public class Program
4     {
5       [System.STAThread]
6       public static void Main()
7       {
8         System.Console.WriteLine("Hallo Welt!");
9       }
10    }
11  }
```

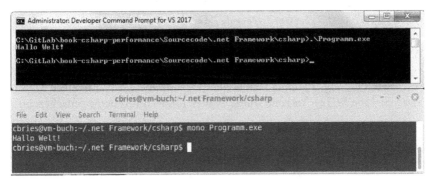

Abb. 4.3: Die C#-Applikation ist unter Windows und Linux lauffähig

4.2.2 VisualBasic Sourcecode

Übertragen Sie den Sourcecode aus Listing 4.2 in eine Datei und nennen Sie diese „Programm.vb". Wechseln Sie in die Eingabeaufforderung von Microsofts Windows und wechseln Sie in das Verzeichnis in dem Sie „Programm.vb" abgelegt haben. Führen Sie dann den Befehl vbc.exe Programm.vb aus. Nach kurzer Zeit ist der Befehl komplett ausgeführt und mit dir erblicken Sie die neu erstellte Datei Programm.exe. Diese können Sie mit .
Programm.exe ausführen und erhalten die Ausgabe Hallo Welt!.

Listing 4.2: Klassische „Hallo Welt!"-Applikation in VisualBasic

```
1   Module Module1
2     Sub Main()
3       Console.WriteLine("Hallo Welt!")
4     End Sub
5   End Module
```

4.2.3 Windows oder Linux, egal!

Die erstellten Applikationen aus den Abschnitten 4.2.1 und 4.2.2 können wir nun zu einem Linuxsystem übertragen und dort – wenn Mono installiert ist – ebenso ausführen wie auf einem Windowssystem. Abbildung 4.3 zeigt das Resultat unseres Versuchs. Im oberen Teil ist eine Windows-Eingabeaufforderung zu sehen, in dieser wurde die Anwendung Programm.exe ausgeführt und es wird Hallo Welt! ausgeben. Analog dazu wird im unteren gezeigten Linux-Terminal die Anwendung mit der Hilfe von Mono problemlos ausgeführt und es gibt die gleiche Ausgabe. Mit dem Linux-Werkzeug file können wir uns die Metadaten der Applikation anschauen. Geben Sie folgendes ins Linux-Terminal ein $ file Programm.exe; wir erhalten die Information:

```
Programm.exe: PE32 executable (console) Intel 80386 Mono/.Net assembly, for
    MS Windows
```

Wie wir sehen handelt es sich bei der Applikation wirklich um eine *Mono/.Net assembly* für Windows. Dabei ist der Typ der Datei *PE32*. Dieser Typ einer Datei beschreibt eine sog. *Portable Executable* (PE)[2]; in diesem Fall in einer 32-Bit-Variante. Eine *PE32+* Variante würde explizit für 64-Bit-Systeme gedacht sein.

4.3 CLI/CLR vs. Native Applikationen

In den vorherigen Abschnitten haben wir gesehen, dass das .NET Framework/.NET Core im ersten Schritt durch einen Compiler in den IL-Code überführt wird. Dieser IL-Code ist CPU-neutral gehalten und kann zwischen unterschiedlichen Systemen mit der Hilfe einer *Portable Executable*-Datei (PE-Datei) transferiert und dort ausgeführt werden. Der JIT-Compilers interpretiert den Inhalt der PE-Datei, überführt diesen in nativen Code der zum aktuellen System passt und dort ausgeführt werden kann. Im Unterschied zu diesem Ansatz arbeiten die nativen Programmiersprachen, allen Voran C/C++. Hierbei werden die C-/C++-Sourcecode-Dateien jeweils in Objektdateien kompiliert und diese dann durch einen Linker zu einer nativen Applikation überführt. Dieser native Programmcode ist in den aller meisten Fällen Assembler; sprich maschinenlesbarer Code. Abbildung 4.4 visualisiert den prinzipiellen Weg der Überführung von Sourcecode in eine native ausführbare Applikation; diese Veranschaulichung kann ggf. bei anderen Programmiersprachen variieren.

Am Anfang auf der linken Seite stehen natürlich die Sourcecode-Dateien zur Verfügung. Diese werden einzeln mit einem Compiler, z.B. `g++` in Objektdateien mit der Dateiendung `.o` überführt; dies stellt dann sogleich den fertigen Kompilierungsprozess dar. In aller Regeln existieren nach diesem ersten Schritt ebenso viele Objektdateien wie Sourcecode-Dateien eingebracht wurden. Wenn man es nicht anders konfiguriert, so werden diese auch wie die Eingabedateien benannt; sprich aus `Person.cpp` wird dann `Person.o`. Diese Objektdateien enthalten den Maschinencode und werden durch einen Linker zu einer finalen Applikation (Kompilat) zusammengeführt. Während des Linkens können noch vorhandene Systembibliotheken hinzugefügt werden, so können externe Funktionen, Typen und Systemdienste innerhalb der Applikation verwendet werden. Die hier erstellte Applikation ist dann nur auf Systemen mit der gleichen Konfiguration zu verwenden, d.h. eine Applikation die für Linux kompiliert wurde ist auch nur mit einem Linux-System nutzbar. Es gibt die Möglichkeit mit Cross-Compilern Kompilate für andere System zu erstellen. Dies ist dann sinnvoll wenn die Erstellung eines solchen Kompilat für das externe System um ein vielfaches schneller geht; auf ei-

---

[2] de.wikipedia.org/wiki/Portable_Executable

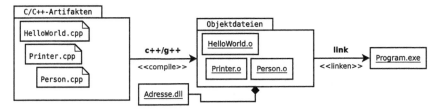

Abb. 4.4: Weg der Überführung von C/C++ zu einer ausführbaren Applikation

nem Raspberry Pi würden Sie wirklich ungern den Linux-Kernel selber erstellen, dies würde Stunden bis Tage dauern.

4.4 IL-Code analysieren

Im vorherigen Abschnitt 4.2 haben Sie gesehen wie man aus C#- oder VisualBasic-Source eine ausführbare Applikation erstellt, welche durch den JIT-Compiler bei einem Doppelklick gelesen und in nativen Maschinencode übersetzt wird. Aber schauen wir uns doch mal die zwei erstellten Dateien Programm.exe genauer an.

In Abbildung 4.2 sind unten rechts die beiden Werkzeuge **(6)** *ildasm.exe* und **(8)** *ilasm.exe* zu sehen. *ildasm.exe* ist ein Disassembler und kann den IL-Code der Datei **(3)** ermitteln. Es entsteht eine **(7)** Textdatei die Sie modifizieren können. Nach dem Modifizieren können Sie mit dem Werkzeug *ilasm.exe* daraus wieder eine IL-Code-Datei erzeugen, welche dann wie zuvor ausführbar ist und mit der Hilfe des JIT-Compilers in nativen Binärcode überführt wird.

Das interessante an unseren zwei Applikationen aus Listing 4.1 und 4.2 ist, dass nahezu identischer IL-Code vorhanden ist. Listing 4.1 enthält den disassemblierten IL-Code aus der C#-Applikation und Listing 4.2 enthält den disassemblierten IL-Code der VisualBasic-Applikation. Tabelle 4.1 listet die einzigen Unterschiede zwischen diesen beiden Listings auf.

Die Unterschiede in den Zeilen eins und zwanzig können getrost vernachlässigt werden, da es sich hierbei nur um Kommentare handelt. Mit hidebysig werden Methoden aus Basisklassen ignoriert, wenn diese in Spezialisierungen mit dem gleichen Namen und der gleichen Signatur vorhanden sind (s. Abschn. 7.4). Um die Methoden aus der Basisklasse aufzurufen, muss erst die Spezialisierung explizit in die Basisklasse gecastet werden (s. Abschn. 8.4).[3]

---

[3] docs.microsoft.com/en-us/dotnet/api/system.reflection.methodbase.ishidebysig

Tabelle 4.1: Differenz zwischen den zwei disassemblierten IL-Codes der C#- und VisualBasic-Applikation

Zeile	C# IL-Code	VisualBasic IL-Code
1	`.method public hidebysig static`	`.method public static`
7	`// Method begins at RVA 0x2050`	`// Method begins at RVA 0x21b3`
20	`// end of method Program::Main`	`// end of method Module1::Main`

Listing 4.3: IL-Code der Applikation aus Listing 4.1

```
1   .method public hidebysig static
2      void Main () cil managed
3   {
4      .custom instance void [mscorlib]System.STAThreadAttribute::.ctor() = (
5        01 00 00 00
6      )
7      // Method begins at RVA 0x2050
8      // Code size 13 (0xd)
9      .maxstack 8
10     .entrypoint
11
12     // (no C# code)
13     IL_0000:  nop
14     // Console.WriteLine("Hello world!");
15     IL_0001:  ldstr "Hello world!"
16     IL_0006:  call void [mscorlib]System.Console::WriteLine(string)
17     // (no C# code)
18     IL_000b:  nop
19     IL_000c:  ret
20  } // end of method Program::Main
```

Listing 4.4: IL-Code der Applikation aus Listing 4.2

```
1   .method public static void Main () cil managed
2   {
3      .custom instance void [mscorlib]System.STAThreadAttribute::.ctor() = (
4        01 00 00 00
5      )
6      // Method begins at RVA 0x21b3
7      // Code size 13 (0xd)
8      .maxstack 8
9      .entrypoint
10
11     // (no C# code)
12     IL_0000:  nop
13     // Console.WriteLine("Hello world!");
14     IL_0001:  ldstr "Hello world!"
15     IL_0006:  call void [mscorlib]System.Console::WriteLine(string)
16     // (no C# code)
17     IL_000b:  nop
18     IL_000c:  ret
19  } // end of method Module1::Main
```

4.5 IL-Code verstehen

In den vorherigen Abschnitten haben Sie einen ersten Eindruck des IL-Code erhalten. In diesem Abschnitt widmen wir uns dem generellen Aufbau dessen. Wir schauen uns IL-Code-Teilstücke an die immer wieder in den nachfolgenden Kapiteln und Abschnitten zu lesen sind. Grundsätzlich ist IL-Code Stack basiert, d.h. Vergleiche oder Rechenoperationen basieren auf den Werten welche auf einem lokalen Stack innerhalb einer Methode oder einer Objektinstanz vorliegen.

Abbildung 4.5 visualisiert den Ablauf einer einfachen Addition von zwei Variablen innerhalb der Methode `Calculate()`. Die jeweiligen Schritte werden zwischen #1 und #7 hervorgehoben. Die entsprechenden IL-Instruktionen sind in kursiv dargestellt.

#1 Der Wert aus der Variable a wird mit `ldarg.0` auf dem Stack gebracht.

#2 Der Wert aus der Variable b wird mit `ldarg.1` auf dem Stack gebracht.

#3 Die IL-Instruktion `add` nimmt sich die letzten zwei Werte vom Stack, addiert diese zusammen und bringt das Ergebnis auf dem Stack.

#4 siehe **#3**

#5 Das Ergebnis von `add` wird auf dem Stack gebracht.

#6 Das Additionsergebnis liegt nun als höchstes und einziges Datenobjekt im Stack.

#7 Das Ergebnis wird aus dem Stack in die lokale Variable geschoben und kann nun weiter genutzt werden. Im Stack befinden sich keine Daten mehr.

Ebenso wie `add` arbeiten generell alle IL-Instruktionen[4]. Vergleiche von Objekten, Übergabe von Aufrufargumenten bei Methoden, weitere Rechenoperationen, etc.

Variablen

Variablen innerhalb einer Methode sind lokal und entsprechend nur innerhalb dieser Methode verfügbar. Für eine Methode mit dem Namen `LocalVariable()` die eine nicht initialisierte lokale Variable besitzt sehe der IL-Code wie folgt aus:

```
.method private hidebysig static void LocalVariable() cil managed {
    .maxstack 1
    .locals init ([0] int32)
    L_0003: ret
}
```

Die lokale Variable wird mit `.locals init` erstellt und an der Speicherstelle [0] vom Datentyp `int32` vorgehalten. Die IL-Instruktion `stloc.0` würde diese Speicherstelle mit dem aktuellen Wert auf dem Stack füllen. Generell werden die Speicherstellen mit `.INDEX` durch die IL-Instruktionen adressiert. In der

---

[4] en.wikipedia.org/wiki/List_of_CIL_instructions

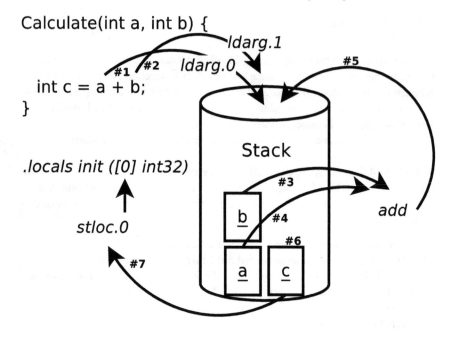

Abb. 4.5: IL-Instruktionen arbeiten vollumfänglich mit einem Stack

Regel sind mindestens die ersten vier Speicherstellen durch Kurzformen der IL-Instruktionen nutzbar, u.a. `stloc.0`, `stloc.1`, `stloc.2` und `stloc.3`. Darüber hinaus gibt es dann die Möglichkeit mit einem eigenen Indexwert zu arbeiten, z.B. `stloc.s 4` oder `stloc.s 5`.

Objekte und Methoden

C# ist eine objektorientierte Hochsprache, entsprechend müssen auch Objekte erstellt und deren Methoden ausführbar sein. Listing 4.5 enthält ein Beispiel für die Instanziierung eines neuen Klassenobjekts. In Zeile 37 wird mit `newobj` und der Verwendung des Konstruktors der Klasse `ILCode` eine neue Instanz erstellt und in der lokalen Variable `[0]` abgelegt. Daraufhin werden auf dieses Klassenobjekt zwei Arten von Methodenaufrufen angewendet und zudem ein Aufruf auf eine statische Methode umgesetzt.

Methode ohne Argumente   In Zeile 31 wird die `Execute()`-Methode der Klasse `ILCode` in Zeile 3 aufgerufen. Dies geschieht mit der `callvirt`-Instruktion die auf dem Stack eine Referenz zu einem Objekt erwartet; diese Referenz wurde mit `ldloc.0` entsprechend bereitgestellt. Daraufhin wird die

Methode ausgeführt.

Methode mit Argument In Zeile 35 wird die `Execute(int32)`-Methode der selbigen Klasse aufgerufen. Diesmal wird nicht nur die Referenz zu einem Objekt erwartet, sondern auch ein entsprechender Wert für den Aufrufparameter. Hier wird mit `ldc.i4.5` der Wert Fünf übergeben.

statische Methode Diese Methode der Klasse `ILCode` kann direkt ohne Referenzobjekt ausgeführt werden.

Listing 4.5: Möglichkeiten wie Objektmethoden aufgerufen werden

```
1   .class public auto ansi beforefieldinit HelloWorld.ILCode
2     extends [mscorlib]System.Object {
3   .method public hidebysig instance void Execute() cil managed{
4       .maxstack 8
5       IL_0000: nop
6       IL_0001: ret
7   }
8
9   .method public hidebysig instance void Execute(int32 a) cil managed{
10      .maxstack 8
11      IL_0000: nop
12      IL_0001: ret
13  }
14
15  .method public hidebysig static void ExecuteStatic() cil managed{
16      .maxstack 8
17      IL_0000: nop
18      IL_0001: ret
19  }
20  }
21
22  .method private hidebysig static void Main() cil managed {
23      .maxstack 2
24      .entrypoint
25      .locals init ([0] class HelloWorld.ILCode)
26
27  IL_0000: nop
28  IL_0001: newobj instance void HelloWorld.ILCode::.ctor()
29  IL_0006: stloc.0
30  IL_0007: ldloc.0
31  IL_0008: callvirt instance void HelloWorld.ILCode::Execute()
32  IL_000d: nop
33  IL_000e: ldloc.0
34  IL_000f: ldc.i4.5
35  IL_0010: callvirt instance void HelloWorld.ILCode::Execute(int32)
36  IL_0015: nop
37  IL_0016: call void HelloWorld.ILCode::ExecuteStatic()
38  IL_001b: nop
39  IL_001c: ret
40  }
```

nop

`nop` steht für „no operation", zu Deutsch *Nulloperation*; hier wird also nichts ausgeführt. Sie finden in diesem Buch zahlreiche `nop`-Verwendungen, die im Grunde das Kompilat einer Applikation nur vergrößern. Wir erhalten diese Nulloperationen da wir in fast allen Fällen unsere Testapplikationen mit dem Compilerparameter **Debug** und nicht **Release** kompilieren. In einem sog. Debug-Kompilat kann man die Ausführung einer Applikation mit der Hilfe eines Debuggers zu unterschiedlichen Zeitpunkten pausieren. Zum Pausieren werden Unterbrechungsstellen benötigt (in Englisch *Breakpoint)*, dies wird mit der Zuhilfenahme von Nulloperationen ermöglicht, so dass vor und nach einem Methodenaufruf oder einer Verzweigung die Applikation an den Stellen pausiert und auch weitergeführt werden kann.

Teil II
C# Sprachreferenz

Kapitel 5
Einleitung

Simplicity and elegance are unpopular
because they require hard work and discipline
to achieve and education to be appreciated.

Edsger Dijkstra

In diesem Abschnitt will ich Ihnen kurz, prägnant und anschaulich die erforderlichen C#-Programmiertechniken vorstellen die in diesem Buch verwendet werden. Hierbei wird nicht auf alle denkbaren technischen Raffinessen eingegangen, aber ich werde so viel wissen wie möglich in einem kompakten Format zusammenbringen, so dass Sie auch ohne weitere Nachschlagewerke eigene C#-Anwendungen implementieren könnten. Heutzutage ist das Programmieren selbst kein großes Hexenwerk mehr, ist Ihnen schon einmal aufgefallen das wir selbst beim Konfigurieren von Geräten (wie zum Beispiel einer Kaffeemaschine) von „Programmieren" reden – innerlich muss ich dann immer mit dem Kopf schütteln. Der Duden[1] gibt mir in dieser Sichtweise recht und beschreibt das Programmieren wie folgt:

(EDV) ein Programm für einen Computer, eine computergesteuerte Anlage o.Ä. aufstellen; einem Computer Instruktionen eingeben; von vornherein auf etwas festlegen

Also das „Programmieren" einer Kaffeemaschine ist im eigentlichen Sinn eine „Konfiguration von Laufzeitparametern", sozusagen die Grenzwerte der auszuführenden Applikation festzulegen, da die Applikation selbst im Vorfeld für die Maschine programmiert und aufgespielt wurde. Das heißt wir beeinflussen den Ablauf der Applikation durch Argumente und Parameter. Der Duden untermauert diese Sichtweise wie folgt und definiert „konfigurieren" folglich:

(EDV) die Software eines Computers oder eines elektronischen Gerätes an die Voraussetzungen des Systems und die Bedürfnisse des Benutzers anpassen

In diesem Buch werden Sie beide Dinge durchführen. Im ersten Schritt entwickeln Sie eine oder mehrere Anwendungen oder Programmlogiken, welche Sie daraufhin an Ihre Bedürfnisse und Umgebungseinflüsse anpassen können.

---

[1] www.duden.de

Kapitel 6
Funktionen und Methoden

Jede Lösung eines Problems ist ein neues Problem.

Johann Wolfgang von Goethe

Funktionen dienen zur Ausführung einer bestimmten Sache und sind von außen betrachtet eine Art Blackbox, d.h. eine Funktion wird mit Argumenten und Parametern gefüttert und liefert nach Ausführung ein Ergebnis zurück – wobei eine Ergebnisbereitstellung optional ist. Funktionen erleichtern das Leben eines Entwicklers sehr stark. Denn mit der Nutzung von Funktionen können wiederkehrende, gleiche oder ähnliche Aufgaben in einer Funktion gekapselt werden und können jederzeit bei Bedarf aufgerufen werden. In Listing 6.2 finden Sie z.B. die Nutzung der Klasse `Math` welche einen großen Satz an mathematischen Berechnungsfunktionen bereitstellt und nicht von Jedermann neuentwickelt werden muss. Wir müssen von daher nur einmal Gehirnschmalz reinstecken und klare funktionale Abgrenzungen vornehmen, wobei wir uns dann in Zukunft den wiederkehrenden Aufwand zur Implementierungen von eigenen Algorithmen oder Aufgabenumsetzungen ersparen. Funktionen stehen für sich alleine und können (sollten) ohne größeren Aufwand zwischen unterschiedlichen Applikation zu teilen sein. In Sprachen die dem C#-Dialekt ähneln, wie `ANSI C` oder `C++`, ist dies in der Regel problemlos möglich, im Fall von C# sieht das ein wenig anders aus. Eigene entwickelte Funktionen mit C# befinden sich immer mindestens in einem Kontext einer sog. Klasse (s. Abschn. 7) und sind strenggenommen keine Funktionen, sondern Teil einer Funktionsfamilie.

In C# gibt es keine traditionellen Funktionen, sondern Funktionsmitglieder; hierzu zählen Methoden, Konstruktoren, Eigenschaftenzugriffe oder Operatoren.

Listing 6.1 enthält eine kleine Anwendung die dies aufzeigt. In Zeile 3 wird die Methode `ShowHelp()` definiert und nachfolgend mit Leben gefühlt. Der Kontext der Methode ist die Klasse `Program`. Im Kontext der Klasse wird zudem die `statische` Methode `Main()` definiert und gilt als Startpunkt der Ausführung dieser und aller anderen Applikationen die in C# entwickelt werden[1]. Die

---

[1] The entry point for an application—the method that is called to begin execution—is always a static method named Main. [23]

46

Methode `ShowHelp()` besitzt keine Aufrufargumente und liefert kein Ergebnis zurück.

Listing 6.1: Funktionen sind Methoden mit Kontext

```
1   class Program
2   {
3       void ShowHelp()
4       {
5           Console.WriteLine("Help");
6       }
7
8       static void Main()
9       {
10          // Startmethode fuer eine Applikation!
11          // optional als 'void Main(string[] args)'
12      }
13  }
```

Listing 6.2 enthält zwei Methoden mit gleichen Namen. Das stellt kein Problem dar, solange die Anzahl der Aufrufargumente unterschiedlich sind und die Datentypen der jeweiligen Argumente nicht mit den Argumenten der jeweiligen Zwillingsmethode an den entsprechenden Positionen in der Liste der Argumente übereinstimmen. Dies nennt man Methodenüberladung (s. Abschn. 6.1). Der Name der jeweiligen Methode ist `GetHypotenuse` und berechnet mit der Hilfe des *Satz des Pythagoras* die Hypotenuse von zwei gegebenen Seitenlängen. Die erste Methode in Zeile 1 besitzt zwei Aufrufargumente und liefert das Ergebnis der Berechnung als Rückgabewert zurück. Im Innern der Methode werden zwei .NET Framework-Standardmethoden aufgerufen die den Umgang mit Berechnungen vereinfachen. Diese Methoden befinden sich im Kontext der Klasse `Math`[2]. Die zweite Methode in Zeile 6 besitzt drei Aufrufargumente und liefert keinen Rückgabewert. Anstatt des Rückgabewertes wird mit dem ersten Argument ein sog. `out`-Argument übergeben. Dieser Typ von Argument muss nicht vor dem Aufruf initialisiert werden, aber muss innerhalb der Methode einen Wert erhalten, sonst kann die Applikation nicht erstellt und ausführbar gemacht werden. Gebe es dieses Extraargument nicht, dann wäre die Methode illegal, denn es könnte nicht zwischen den beiden Methoden in Zeile 1 und Zeile 6 unterschieden werden, da die Anzahl sowie der Argumentdatentyp gleich sind.

Die zweite Variante der Methode `GetHypotenuse` nutzt intern die erste Variante. Das ist clever, denn in diesem Fall können Sie Anwendern die Möglichkeit bereitstellen die Methoden entsprechend der Möglichkeiten und Erfordernisse aus Ihren eigenen Applikationen entsprechend aufzurufen. Ein weiterer Gewinn bei solch einer Verwendung ist auch, dass man die Business-Logik der eigentlichen Methodenimplementierung nur einmal ausführen muss und auch Bugs können so einfacher gelöst werden, denn es muss nur eine Methode repariert werden und nicht jede Form von überladener Methode.

---

[2] Stellt Konstanten und statische Methoden für trigonometrische, logarithmische und andere gebräuchliche mathematische Funktionen bereit. Internet: docs.microsoft.com/de-de/dotnet/api/-system.math

Listing 6.2: Methoden mit unterschiedlichen Definitionen

```
1  public double GetHypotenuse(double a, double b)
2  {
3    return Math.Sqrt(Math.Pow(a, 2) + Math.Pow(b, 2));
4  }
5
6  public void GetHypotenuse(out double c, double a, double b)
7  {
8    c = GetHypotenuse(a, b);
9  }
```

6.1 Methodenüberladung

Mit der Hilfe der Methodenüberladung können gleichnamige Methode erstellt werden. Dies kann u.a. für Rechen- oder Zeichenkettenoperationen sinnvoll sein. Listing 6.3 enthält die Methode Append in drei Varianten. In allen drei Fällen werden Zeichenketten zusammengefügt und dem Aufrufer zurückgeliefert. => ist der sog. *Lambda-Operator* und kann zur Erstellung von anonymen Methoden verwendet werden, in diesem konkreten Fall ersparen wir uns die zeilenfressende Schreibweise mit den geschweiften Klammern { } zur Implementierung einer eigentlich einzeiligen Methode und gestalten unseren Quelltext kompakter und dadurch hoffentlich lesbarer.

Listing 6.3: Methodenüberladung von Append

```
1  string Append(ref string largeTxt, string t1) => largeTxt + t1;
2
3  string Append(ref string largeTxt, string t1, string t2)
4        => largeTxt + t1 + t2;
5
6  string Append(ref string largeTxt, string t1, string t2, string t3)
7        => largeTxt + t1 + t2+ t3;
```

Kapitel 7
Was sind Klassen und Strukturen?

Als es noch keine Computer gab,
war das Programmieren noch relativ einfach.

Edsger W. Dijkstra

Klassen und Strukturen sind quasi die Blaupause für jede C#-Anwendung. Jede Anwendung besteht mindestens aus einer Klasse in der wenigstens die sog. Einstiegsmethode vorhanden sein muss: `Main` [23]. Klassen und Strukturen dienen prinzipiell der Kapselung von Funktionalitäten und sollten immer nur einem Zweck dienen [14], z.B. der Bereitstellung eines Datums oder der Uhrzeit. Weiterhin empfiehlt es sich die Kassen nach dem KISS-Prinzip (*Keep it simple and smart!*) zu entwerfen. Klassen sollten einfach und allgemeingültig gestaltet sein und evtl. wachsenden Anforderungen weiterwachsen; allerdings nicht durch einfache Erweiterung der Klasse, sondern durch sogenannte Spezialisierung (auch *Vererbung* genannt, s. Abschn. 7.3). Klassen sind immer Bestandteil eines Namensraums (engl. *Namespace*). In Listing 7.1 haben wir zwei explizite Namespaces erstellt: (a) `CSharp` und (b) `NamespacesConsole`. Zudem verwenden wir einen dritten Namespace und zwar: `System` in Zeile 15. Dieser Namespace stellt die Standardklasse `Console` mit der statischen Methode `WriteLine` zur Verfügung. Diese Methode erlaubt die Ausgabe von Texten in der Eingabeaufforderung von Windows oder einem Terminal von Linux[1]. Der selbsterstellte Namespace `CSharp` in Zeile 1 beinhaltet eine Klasse `Constants` und stellt die mathematische Konstante π zur Verfügung. Der Zugriff auf diese Konstante erfolgt mit dem Punktoperator[2]. Der Punktoperator ermöglicht es auf alle Mitglieder einer Klasse zuzugreifen die einen Zugriff von außen ermöglichen (s. Abschn. 7.1), dies können u.a. Konstanten (wie in Zeile 5) oder auch Methoden wie `WriteLine` (in Zeile 15) sein.

Listing 7.1: Verwendung von Namespaces

```
1  namespace CSharp
2  {
3    public class Constants
4    {
5      public const double Pi = 3.14159265359;
6    }
```

---

[1] www.howtogeek.com/140679/beginner-geek-how-to-start-using-the-linux-terminal/

[2] docs.microsoft.com/en-us/dotnet/csharp/language-reference/operators/

```
 7    }
 8
 9    namespace NamespacesConsole
10    {
11      class Program
12      {
13        static void Main()
14        {
15          System.Console.WriteLine("Pi: {0}", CSharp.Constants.Pi);
16        }
17      }
18    }
```

Namespaces dienen u.a. der Strukturierung des C#-Sourcecodes, mit jedem Namespace wird ein sog. *Scope*[3] eröffnet. Zwei Klassen mit identischen Namen können im Sourcecode unendlich oft erstellt werden, so lange der Scope der jeweiligen Klasse eindeutig ist. Auch Verschachtelungen von Namespaces sind erlaubt. Klassen bilden für sich auch einen eigenen Scope-Bereich wobei dieser durch unterschiedliche Zugriffsrechte auf die Mitglieder noch granularer einstellbar ist (s. Abschn. 7.1).

7.1 public, private, protected, internal

In Klassen und Strukturen können mindestens folgende Mitglieder vorhanden sein:

1. Konstanten,
2. Feldvariablen,
3. Eigenschaften (sog. *Properties*) und natürlich auch
4. Methoden.

Das Beispiel in Listing 7.2 enthält eine Klasse House welche mit public öffentlich sichtbar gemacht wird. Ebenso wie die Klasse, ist auch der Konstruktor der Klasse in Zeile 7, das Property No in Zeile 6, sowie die statische Methode CreateInstance in Zeile 9 öffentlich sichtbar geschaltet. Die restlichen Mitglieder sind mit private für die Außenwelt unsichtbar gemacht. Um eine Instanz einer Klasse zu erstellen wird new genutzt. Die Verwendung einer statischen Methode ist ohne Klasseninstanz möglich. Dies nutzen wir zur Erstellung einer neuen Instanz mit der Hilfe von CreateInstance in Zeile 17; dieser Ansatz basiert auf dem klassischen Entwurfsmuster *„Factory Pattern"* [16]. Abbildung 7.1 soll aufzeigen das die restlichen Mitglieder nicht nutzbar sind. Das Intellisense von VisualStudio listet diese – wie zu erwarten ist – nicht auf. Auch ein direktes Verwenden im Sourcecode führt während der Übersetzung dessen zu einem Fehler und es wird keine Applikation erstellt. Im Gegensatz dazu wird No angezeigt, da es sich hier um ein öffentlich zugängliches Mitglied der Klasse handelt.

---

[3] msdn.microsoft.com/en-us/library/ms973875.aspx

Listing 7.2: Möglichkeiten der Zugriffsbeschränkungen auf Klassen-Mitglieder

```
1   class Program
2   {
3     public class House
4     {
5       private int _no;
6       public int No => _no;
7       public House(int no) { SetNo(no); }
8       private void SetNo(int no) { _no = no; }
9       public static House CreateInstance(int no)
10      {
11        return new House(no);
12      }
13    }
14
15    static void Main()
16    {
17      var house = House.CreateInstance(18);
18    }
19  }
```

Tabelle 7.1: Die vorhandenen Möglichkeiten um den Zugriff auf Klassenmitglieder zu beschränken

Name	Beschreibung
public	ohne Beschränkung und öffentlich zugänglich
private	kann nur innerhalb der Klasse aufgerufen werden
protected	kann nur innerhalb der Klasse und von Spezialisierungen der Klasse aufgerufen werden (s. Abschn. 7.3)
internal	kann von überall aus aufgerufen werden, sofern die aufrufende Stelle ein Teil der gleichen Bibliothek ist

Abb. 7.1: VisualStudios „Intellisense" zeigt keine *nicht sichtbaren* bzw. *nicht zugänglichen* Klassenmitglieder an

7.2 Strukturen

Strukturen ähneln Klassen, allerdings sind Strukturen eine Spezialisierung von *Value Types* (siehe Abschn. 8.2) und werden nicht referenziert, sondern als Ganzes zum Beispiel an Methoden als Aufrufparameter übergeben. Je nach Größe einer Struktur kann dies dazu führen, dass während der Laufzeit ein größerer Berg an Daten im Speicher hin und her kopiert werden muss. Eine Struktur kann ebenso wie eine Klasse aus diesen Teilelementen bestehen:

1. Variablenfelder,
2. Properties,
3. Konstruktoren und
4. Methoden.

Weiterhin können Strukturen auch Schnittstellen (in Englisch *Interfaces*) implementieren. Die Erstellung und Verwendung von Strukturen ist denkbar einfach. Listing 7.3 enthält ein kleines Fallbeispiel zur Umrechnung von km/h nach $miles/h$ und vice-versa.

Listing 7.3: Verwendung einer Struktur zur Umrechnung von Geschwindigkeiten

```
1   public interface ISpeed
2   {
3       void SetKmH(float kmh);
4       void SetMiles(float miles);
5   }
6
7   public struct Speed : ISpeed
8   {
9       private float _milesPerHour, _kmPerHour;
10
11      public float MilesPerHour => _milesPerHour;
12      public float KmPerHour => _kmPerHour;
13
14      public void SetKmH(float kmh)
15      {
16          _milesPerHour = (_kmPerHour = kmh) / 1.609344f;
17      }
18
19      public void SetMiles(float miles)
20      {
21          _kmPerHour = (_milesPerHour = miles) * 1.609344f;
22      }
23  }
```

Wie wir sehen ist die Verwendung einer Struktur ähnlich wie die Verwendung von Klassen, allerdings liegt hier der Unterschied vor, dass Strukturen selbst nicht weiter spezialisiert werden können. Dies können wir auch für Klassen erreichen. Sollte es von Ihnen gewünscht sein, dass man eine Klasse nicht weiter spezialisieren soll, dann müssen Sie diese mit dem Schlüsselwort `sealed` einschränken:

```
public sealed class C .
```

Laut den Seiten von MSDN sollte man Strukturen rein aus Geschwindigkeitsvorteilen nutzen, in jedem anderen Fall sollten Klassen verwendet werden [26]. Ab Seite 123 werden wir dies näher betrachten und analysieren.

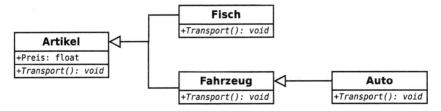

Abb. 7.2: Verkettete Spezialisierung einer Basisklasse

7.3 Spezialisierung und Klassenvererbung

Klassen können spezialisiert werden, d.h. ihre Funktionalität und ihr Informationsgehalt kann erweitert oder eingeschränkt werden. Strukturen können nicht weiter spezialisiert werden. Bei der Spezialisierung werden die Eigenschaften und Funktionalitäten einer sog. *Basisklasse* geerbt und können angepasst oder überschrieben werden. Eine Spezialisierung kann auf alle sichtbaren Mitglieder der Basisklasse zugreifen, d.h. wenn diese nicht private sind. (s. Abschn. 7.1). Abbildung 7.2 zeigt vier Klassen:

- die Basisklasse Artikel,
- zwei Spezialisierungen Fisch und Fahrzeug der Basisklasse Artikel,
- eine Spezialisierung **Auto** mit der Basisklasse Fahrzeug.

Jede dieser einzelnen Klassen besitzt die Methode Transport() und gibt eine einfache Meldung aus. In der Main-Methode werden anonyme Instanzen erstellt, woraufhin die jeweiligen Transport-Methoden aufgerufen werden. Es werden folgende vier Meldungen ausgegeben:

```
Artikel.Transport(): 0
Fisch.Transport(): 4.95
Fahrzeug.Transport(): 1200
Auto.Transport(): 23000
```

Wie erwartet wurden die entsprechenden Texte ausgegeben. Man erkennt zudem, dass die Spezialisierung Auto die passenden Properties aus der grundlegenden Basisklasse Artikel besitzt und diese zur Verfügung stehen. Hätte die direkte Basisklasse Fahrzeug zusätzliche Properties oder Methoden, so wären auch diese in den Spezialisierungen nutzbar.

Listing 7.4: Implementierung der verketteten Spezialisierung aus Abb. 7.2

```
1   namespace CSharpClassSpecialization
2   {
3       using C = System.Console;
4
5       public class Artikel
6       {
7           public float Preis { get; set; }
8           public void Transport()
9           {
```

```
10        C.WriteLine("Artikel.Transport():    {0,5}", Preis);
11      }
12    }
13
14    public class Fisch : Artikel
15    {
16      public void Transport()
17      {
18        C.WriteLine("Fisch.Transport():    {0,5}", Preis);
19      }
20    }
21
22    public class Fahrzeug : Artikel
23    {
24      public void Transport()
25      {
26        C.WriteLine("Fahrzeug.Transport(): {0,5}", Preis);
27      }
28    }
29
30    public class Auto : Fahrzeug
31    {
32      public void Transport()
33      {
34        C.WriteLine("Auto.Transport():    {0,5}", Preis);
35      }
36    }
37
38    class Program
39    {
40      static void Main()
41      {
42        new Artikel { Preis = 0.0f }.Transport();
43        new Fisch { Preis = 4.95f }.Transport();
44        new Fahrzeug { Preis = 1200.0f }.Transport();
45        new Auto { Preis = 23000f }.Transport();
46        C.ReadLine();
47      }
48    }
49 }
```

7.4 Polymorphie: späte Bindung

Im vorherigen Abschnitt 7.3 haben Sie die Vererbung bzw. Spezialisierung kennengelernt. Dies funktioniert ganz gut, allerdings kommt es während der Entwicklung sehr oft vor, dass man Klasseninstanzen an Methoden weitergeben muss,
welche dann mit diesen weiterarbeiten sollen. Da es sich bei Klassen um neue
Datentypen handelt (s. Kapitel 8), müssten Sie für jeweils einen bestimmten Datentyp eine eigene Methode schreiben, so dass man die Instanzen an diese übergeben kann; Sie können sich vorstellen, dass dies viel Arbeit macht und zudem
auch nicht nötig ist. Sie sehen gleich wie man sich hier elegant aus dem Dilemma
befreit.

Typecast-Dilemma Spezialisierungen können problemlos innerhalb eines Spe-
zialisierungsbaum auf einen tiefer liegenden Datentyp gecastet (s. Abschn. 8.4) –

sogenanntes Downcasting[4] – werden. Listing 7.5 veranschaulicht den Verlust von Informationen, wenn eine spezialisierte Instanz in den Typ einer Basisklasse umgewandelt wird. Die jeweiligen Klassen besitzen die Methode `Type()` und liefern deren selbstdefinierten Typidentifizierer. Die zwei Ausgaben sollen von der Instanz jeweils dessen Identifizierer ausgeben. Im ersten Fall wird 2 (*korrekt*) und im zweiten Fall 1 (*korrekt, aber nicht erwartet*) ausgegeben. Durch den Typecast auf die Basisklasse geht die Spezialisierung verloren!

Listing 7.5: Informationsverlust beim Downcasting

```
1   namespace CSharpTypecast
2   {
3     using C = System.Console;
4
5     public class Artikel
6     {
7       public int Type() { return 1; }
8     }
9
10    public class Fahrzeug : Artikel
11    {
12      public int Type() { return 2; }
13    }
14
15    class Program
16    {
17      static void Main()
18      {
19        var f = new Fahrzeug();
20        C.WriteLine("Type: {0}", f.Type());
21        C.WriteLine("Type: {0}", (f as Artikel).Type());
22        C.ReadLine();
23      }
24    }
25  }
```

Wie zum Beginn dieses Abschnitts erwähnt, so kann man sich damit behelfen für jeden Datentyp eine eigene Funktion zu schreiben, so dass beim Übersetzen des Sourcecode die korrekte Methode – anhand der Signatur und der Möglichkeit der Überladung (s. Abschn. 6.1) – ausgewählt und verwendet wird. Die Listing 7.6 zeigt einen solchen Ansatz.

Listing 7.6: Umgehung des Typecase-Dilemma mit der Hilfe mehrerer Methoden

```
1   static void CheckType(Artikel artikel)
2   {
3     C.WriteLine("Type: {0}", artikel.Type());
4   }
5
6   static void CheckType(Fahrzeug fahrzeug)
7   {
8     C.WriteLine("Type: {0}", fahrzeug.Type());
9   }
```

Es wäre auch eine sog. Template-Methode[5] denkbar (nicht Teil dieses Buchs); dadurch erspart man sich die Umsetzung zahlreicher gleicher Methoden, allerdings

---

[4] en.wikipedia.org/wiki/Downcasting
[5] docs.microsoft.com/en-us/dotnet/csharp/programming-guide/generics/generic-methods

muss man in einem solchen auch immer den entsprechenden Datentyp mitführen.
Listing 7.7 beinhaltet eine entsprechende Implementierung.

Listing 7.7: Typecast-Dilemma-Umgehung mit der Hilfe einer Template-Methode

```
1  static void CheckType<T>(T article)
2  {
3    var type = typeof(T);
4    var theMethod = type.GetMethod("Type");
5    var id = theMethod.Invoke(article, null);
6    C.WriteLine("Type: {0}", id);
7  }
8
9  static void Main()
10 {
11   var f = new Fahrzeug();
12   CheckType<Fahrzeug>(f);
13   C.ReadLine();
14 }
```

Virtueller Ansatz Der virtuelle löst die in den vorherigen Abschnitten erwähnte
Problematik auf elegante Weise. Zudem verlagert sich die Problematik weg vom
Anwender einer Softwarebibliothek zum Bibliothekenentwickler. In den bisher
vorgestellten Lösungsansätzen musste sich immer der Nutzer einer Klasse um eine entsprechende funktionierende Lösung kümmern, der virtuelle Ansatz – auch
Polymorphie genannt – liefert schon während der Designphase einer Klassenar-
chitektur einen entsprechenden und zufriedenstellenden Lösungsansatz.

Abbildung 7.3 zeigt eine Klassenhierarchie um ein Datum länderspezifisch dar-
zustellen: (i) einmal für Deutschland und (ii) einmal für die USA. Listing 7.8
enthält die entsprechende Implementierung. Die hier gezeigte Lösung besitzt die
gleichen Problematiken aus dem vorherigen Abschnitt. Bei der Übergabe einer
entsprechenden Instanz an eine Methode oder der Verwendung des zuvor vorgestellten Downcasting gehen Informationen über die Spezialisierung verloren. In
den Zeilen 53 und 54 werden jeweils eine Instanz mit den Konstruktorparame-
tern „29, 12, 2012" erstellt. Dies soll das Datum darstellen: (i) der 29.Tag, (ii) der
12. Monat und (iii) das Jahr 2012. Die zwei Aufrufe in den Zeilen 56 und 57 rufen die Methode in Zeile 45 auf; hier geschieht der Downcast, da der Type des
Aufrufparameter `Date` und nicht `DateDE` oder `DateUS` ist. Wäre anstatt `Date`
entweder `DateDE` oder `DateUS` verwendet worden, so hätte dies bei der entsprechenden Verwendung zu Übersetzungsfehlern der Anwendung geführt; denn
`DateDE` kann nicht zum Typ `DateUS` und vice versa umgewandelt werden. Die
zwei Aufrufe in der `Display`-Methode (`Name()` und `Display()`) rufen die
Methoden der Basisklasse `Date` auf und liefern so ein falsches Resultat; jeweils
die Ausgabe „-:-".

Listing 7.8: Implementierung einer Datumsanzeige für DE und US

```
1  namespace CSharpPolymorphie
2  {
3    using C = System.Console;
4
5    public abstract class Date
6    {
```

```
 7        protected Date(int day, int month, int year)
 8        {
 9          Day = day;
10          Month = month;
11          Year = year;
12        }
13        protected int Day    { get; set; }
14        protected int Month  { get; set; }
15        protected int Year   { get; set; }
16
17        public string Name() => "-";
18        public void Display() { C.WriteLine("-"); }
19      }
20
21      public class DateDE : Date
22      {
23        public DateDE(int day, int month, int year)
24          : base(day, month, year) { }
25        public string Name() => "de";
26        public void Display()
27        {
28          C.WriteLine("{0}.{1}.{2}", Day, Month, Year);
29        }
30      }
31
32      public class DateUS : Date
33      {
34        public DateUS(int day, int month, int year)
35          : base(day, month, year) { }
36        public string Name() => "us";
37        public void Display()
38        {
39          C.WriteLine("{0}/{1}/{2}", Month, Day, Year);
40        }
41      }
42
43      class Program
44      {
45        static void Show(Date instance)
46        {
47          C.Write("{0}: ", instance.Name());
48          instance.Display();
49        }
50
51        static void Main()
52        {
53          var dateDe = new DateDE(29, 12, 2012);
54          var dateUs = new DateUS(20, 12, 2012);
55
56          Show(dateDe);
57          Show(dateUs);
58
59          C.ReadLine();
60        }
61      }
62    }
```

Listing 7.9 hält die entsprechende Lösung bereit. Sie müssen die Deklarationen der Basisklassenmethoden `Display` und `Name` um das Schlüsselwort **virtual** ergänzen. In den jeweiligen Überschreibungen fügen Sie bitte **override** hinzu. Nun werden beim Übersetzungsprozess des Sourcecode die entsprechenden Informationen zum Klassentyp und der Methoden in die sog. **Tabelle virtueller**

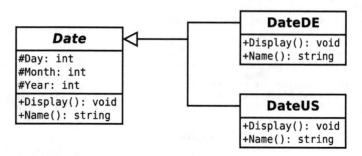

Abb. 7.3: UML-Visualisierung der Applikation aus Listing 7.8. Die Suffixe der Elemente haben folgende Bedeutung: # ist protected, + ist public und – wäre private. Der Pfeil beschreibt eine Spezialisierung von der Klasse auf die der Pfeil zeigt; die kursive Schreibweise der Elemente bedeutet, dass diese abstract sind.

Methoden[6] (engl. *virtual method table* oder *virtual function table*, kurz *vtbl* oder *vtable*) bereitgestellt. Die genaue Funktionsweise der Polymorphie wird in Kapitel 11) ausführlich beschrieben.

Listing 7.9: Implementierung mit einer Datumsanzeige mit virtuellen Methoden

```
1    public abstract class Date
2    {
3      /* [snip] */
4      public virtual string Name() => "-";
5      public virtual void Display()
6      {
7        C.WriteLine("-");
8      }
9    }
10
11   public class DateDE : Date
12   {
13     /* [snip] */
14     public override string Name() => "de";
15     public override void Display()
16     {
17       C.WriteLine("{0}.{1}.{2}", Day, Month, Year);
18     }
19   }
20
21   public class DateUS : Date
22   {
23     /* [snip] */
24     public override string Name() => "us";
25     public override void Display()
26     {
27       C.WriteLine("{0}/{1}/{2}", Month, Day, Year);
28     }
29   }
```

---

[6] en.wikipedia.org/wiki/Virtual_method_table

7.5 Basis von Klassen

Die grundlegende, fundamentale Basis von Klassen ist Object. Jede Klasse die
Sie jemals in C# entwickeln werden wird implizit immer eine Spezialisierung von
Object sein [24]. Da dies laut C#-Spezifikation ist kann man davon ausgehen,
dass alle Spezialisierungen auch die Methoden und zugänglichen Properties erbt.
Die Implementierung von Object des .NET Framework besitzt folgende öffent-
lich zugängliche Methoden[7]:

* public extern Type GetType()
* public virtual bool Equals(Object obj)
* public virtual int GetHashCode()
* public virtual String ToString()

Genau diese vier Methoden stehen mindestens zur Verfügung. Eben dies zeigt
dann auch VisualStudios Intellisense in Abbildung 7.1.

---

[7] referencesource.microsoft.com/#mscorlib/system/object.cs

Kapitel 8
Variablen/Properties und Datentypen

Es hört doch jeder nur, was er versteht.

Johann Wolfgang von Goethe

Eine Variable/ein Property (VP) ist ein Platzhalter; innerhalb einer Anwendung, Methode, einer Struktur oder Klasse. Der Name von VP kann frei gewählt werden. Das erste Zeichen muss ein Unterstrich oder ein Buchstabe sein. VPs können unterschiedlichste Werte aufnehmen, welche jederzeit ersetzt oder innerhalb einer Anwendung genutzt werden können.

Listing 8.1: Falsche und richtige Deklaration von Variablen/Properties

```
1  int 098variable01;  // Fehler!
2  int     variable02;  // Ok
3  int __variabled03;  // Ok
```

Der Wertebereich einer Variablen wird durch den verwendeten Datentyp bestimmt. Im vorangegangenen Beispiel haben die drei Variablen den Datentyp `int` – Kurzform für Integer. Dieser erlaubt das Verwenden von Ganzzahlen, z.B. 10, −42, und andere. Tabelle 8.1 listet die elementaren Datentypen von C# auf und Tabelle 8.2 zwei weitere Datentypen, die fester Bestandteil von C# sind.

8.1 Elementare Datentypen

Listing 8.2 beinhaltet eine Applikation in der die Datentypgrößen der elementaren Datentypen in Bytes ermittelt und entsprechend ausgegeben werden. Mit dem `sizeof`-Operator kann man die erforderliche Anzahl an Bytes ermitteln, die für die Erstellung einer entsprechenden Variablen notwendig sind. Allgemein unterscheidet man zwischen sog. **value types** (VT) und **reference types** (RT). VTs beschreiben die schon erwähnten elementaren Datentypen, u.a. `int` – neben den elementaren Datentypen existieren zusätzliche VTs die in Abschn. 8.2 näher beleuchtet werden. RTs beschreiben zum Beispiel Klassentypen (s. Kapitel 7).

Listing 8.2: Ermittlung von Datentypgrößen mit `sizeof` in Bytes

```
1  using C = System.Console;
2
```

```
 3   class Program
 4   {
 5     static void Main()
 6     {
 7       //C.WriteLine("void:     {0}", sizeof(void));  // Fehler, kein Typ!
 8       C.WriteLine("bool:     {0}", sizeof(bool));
 9       C.WriteLine("char:     {0}", sizeof(char));
10       C.WriteLine("decimal:  {0}", sizeof(decimal));
11       C.WriteLine("sbyte:    {0}", sizeof(sbyte));
12       C.WriteLine("short:    {0}", sizeof(short));
13       C.WriteLine("int:      {0}", sizeof(int));
14       C.WriteLine("long:     {0}", sizeof(long));
15       C.WriteLine("byte:     {0}", sizeof(byte));
16       C.WriteLine("ushort:   {0}", sizeof(ushort));
17       C.WriteLine("uint:     {0}", sizeof(uint));
18       C.WriteLine("ulong:    {0}", sizeof(ulong));
19       C.WriteLine("float:    {0}", sizeof(float));
20       C.WriteLine("double:   {0}", sizeof(double));
21       C.ReadLine();
22     }
23   }
```

Tabelle 8.1: Elementare Datentypen in C# als Alias

Name	Beschreibung
void	kein Datentyp, beschreibt u.a. typenlose Methoden ohne Rückgabewert
bool	boolescher Wert; kann Wahr (engl. *true*) oder Falsch (engl. *false*) sein
char	kann ein Unicode-Zeichen enthalten
decimal	kann einen Dezimalwert mit 28 signifikanten Zeichen enthalten
sbyte	8-Bit vorzeichenbehafteter Zahlenwert
short	16-Bit vorzeichenbehafteter Zahlenwert
int	32-Bit vorzeichenbehafteter Zahlenwert
long	64-Bit vorzeichenbehafteter Zahlenwert
byte	8-Bit vorzeichenloser Zahlenwert
ushort	16-Bit vorzeichenloser Zahlenwert
uint	32-Bit vorzeichenloser Zahlenwert
ulong	64-Bit vorzeichenloser Zahlenwert
float	Fließkommawert, einfache Genauigkeit
double	Fließkommawert, doppelte Genauigkeit

Tabelle 8.2: Vordefinierte Datentypen in C#

Name	Beschreibung
object	plattformspezifisch und i.d.R. eine Referenz auf eine Objektinstanz
string	eine in der Länge unbegrenzte Zeichenkette

8.2 Value Types

Der große Unterschied zwischen *ValueType* und *ReferenceType* ist der, dass in *ValueType* ein Wert direkt abgelegt ist und in *ReferenceType* eben Referenzen zu Objekten abgelegt sind. In Listing 8.3 werden in den Zeilen 14 bis 16 zwei Instanzen der Klasse Person erstellt. Im ersten Fall wird dem Property Name der Wert „Ries" zugewiesen. Der zweiten Personeninstanz wird die erste Instanz zugewiesen. Daraufhin wird dem Property Name der Wert „Other Ries" zugewiesen. In der Ausgabe in Listing 8.4 wird allerdings in beiden Fällen „Other Ries" ausgeben. Das liegt daran das bei der – vermeintlichen – Erstellung der zweiten Instanz p1 im Grunde keine neue Instanz erstellt wird, sondern eine Referenz auf p0 (nachzulesen in Abschn. 8.2.1).

ValueType Instanzen verhalten sich anders. In den Zeilen 22 bis 24 werden zwei Integer-Variablen erstellt. Im ersten Fall mit 10 als Initialisierung, daraufhin wird a der zweiten Integer-Variable b zugewiesen. Die Zuweisung von 20 an b beeinflusst a nicht. Die jeweiligen Variablen sind unabhängig voneinander. Die Ausgabe in Listing 8.4 beinhaltet entsprechend zwei unterschiedliche Werte für a und b.

Listing 8.3: ValueTypes versus ReferenceTypes

```
 1   namespace CSharpValueReferenceType
 2   {
 3     using C = System.Console;
 4
 5     class Person
 6     {
 7       public string Name { get; set; }
 8     }
 9
10     class Program
11     {
12       static void Main(string[] args)
13       {
14         Person p0 = new Person();
15         p0.Name = "Ries";
16         Person p1 = p0;
17         p1.Name = "Other Ries";
18
19         C.WriteLine("p0.Name: {0}", p0.Name);
20         C.WriteLine("p1.Name: {0}", p1.Name);
21
22         int a = 10;
23         int b = a;
24         b = 20;
25
26         C.WriteLine("a: {0}", a);
27         C.WriteLine("b: {0}", b);
28
29         C.ReadLine();
30       }
31     }
32   }
```

Listing 8.4: Ausgabe der Applikation aus Listing 8.3

```
 1   p0.Name: Other Ries
```

```
2    p1.Name:  Other  Ries
3    a:  10
4    b:  20
```

8.2.1 Wie entstehen Referenzen?

Wenn man Instanzen einer Klasse anderen Objekten zuweist, so wird nicht der
Inhalt einer Klasse an das Objekt übergeben, sondern es wird die Referenz auf die
Ur-Instanz wiederverwendet. Veranschaulicht in Listing 8.5 durch die Erstellung
einer Instanz von Typ Person und den darauf folgenden Zuweisungen von p0
and p1, p2 und p3.

Listing 8.5: Zuweisung von Referenzen anstatt Instanzen

```
1    static  void  TestReferenceType()
2    {
3        Person  p0 = new  Person();
4        Person  p1 = p0;
5        Person  p2 = p0;
6        Person  p3 = p0;
7    }
```

Durch Zuhilfenahme des IL-Code in Listing 8.6 kann dieser Umstand aufge-
schlüsselt werden. In Zeile 9 wird mit dem IL-OpCode newobj eine neue Instanz des Klassentyp Person erstellt. newobj liefert dabei eine Referenz auf
die Speicherstelle an der die Instanz vorgehalten wird; diese Referenz wird an
der Speicherstelle 0 mit stloc.0 abgelegt. In den nachfolgenden Zeilen passiert
nicht viel mehr als diesen Wert aus der Speicherstelle 0 in weiteren drei anderen
Speicherstellen abzulegen. ldloc legt den Wert aus einer Speicherstelle auf dem
Stack und stloc nimmt sich den letzten Wert von Stack und speichert diesen an
einer bestimmten Speicherstelle. Daraus folgt das der Wert aus der Speicherstelle
0 nun auch in 1, 2 und 3 abgelegt ist; in jedem Fall immer der Ort im Speicher an
der die Ur-Klasseninstanz vorgehalten wird. Aus dieser Erkenntnis erschließt sich
auch, dass Verhalten das beim Ändern von Properties von einer dieser Referenzen
sich auf alle anderen referenzierten Objektinstanzen (es ist nun mal in jedem Fall
die gleiche Instanz) auswirkt,

Listing 8.6: IL-Code der Methode TestReferenceType aus Listing 8.5

```
8     // Person person = new Person();
9     IL_0001:  newobj instance  void  CSharpValueReferenceType.Person::.ctor()
10    IL_0006:  stloc.0
11    // Person person2 = person;
12    IL_0007:  ldloc.0
13    IL_0008:  stloc.1
14    // Person person3 = person;
15    IL_0009:  ldloc.0
16    IL_000a:  stloc.2
17    // Person person4 = person;
18    IL_000b:  ldloc.0
19    IL_000c:  stloc.3
```

8.3 `Object` und `String`

Zu den bisher bekannten elementaren Datentypen (s. Abschn. 8.1) gibt es immer auch mindestens die zwei Referenztypen `Object` und `String`. Mit `String` können Zeichenketten verarbeitet werden. `Object` hingegen ist ein ganz spezieller Typ und fundamental für das gesamte Sprachkonzept von C#. Dieser Referenztyp ist die Basis von weiten Teilen einer C#-Applikation. Listing 8.7 enthält eine Applikation mit der diese Sonderstellung von `Object` veranschaulicht wird. In den Zeilen 12, 16 und 20 erstellen wird drei Variablen mit unterschiedlichen Datentypen. Im ersten Fall handelt es sich um den Klassendatentyp `MyObject`, im zweiten Fall um einen elementaren Datentyp und im dritten Fall im Grunde auch um einen elementaren Datentyp, der allerdings in einer Variablen mit dem Typ `Int32` abgelegt wird; hier handelt es sich um das sog. *Boxing* und wird in Abschn. 8.5 näher betrachtet. Für die jeweiligen Instanzen wird mit `GetType()` der Datentyp der Variablen ermittelt, mit `BaseType` wird dann durch die Datentyphierarchie zum Basisdatentyp gewandert (s. Kapitel 11). Daraufhin wird der Name des jeweiligen Basisdatentyps auf der Konsole ausgegeben; Listing 8.8 enthält die Ausgabe. Zu sehen ist, dass von allen Variableninstanzen der Basistyp `Object` ist. C# besitzt ein einheitliches Typsystem; bekannt als *unified type system* [24]. Ein solcher Ansatz ist ein riesen Vorteil bei der Implementierung von Methoden oder Algorithmen, so erspart es doch den Aufwand Methoden für jeden Typ zu implementieren, denn als Typ für Argument kann es ausreichend sein nur `Object` zu verwenden. Innerhalb der Implementierung kann man dann entsprechend auf die jeweiligen Typen unterschiedlich reagieren.

Listing 8.7: Sonderstellung des Referenzdatentyp `Object`

```
 1  namespace CSharpObject
 2  {
 3    using System;
 4    using C = System.Console;
 5
 6    public class MyObject { }
 7
 8    class Program
 9    {
10      static void Main()
11      {
12        MyObject instance = new MyObject();
13        Type type = instance.GetType().BaseType;
14        C.WriteLine("  MyObject -> BaseType:   {0}", type.Name);
15
16        int intValue = 16;
17        Type intType = intValue.GetType().BaseType.BaseType;
18        C.WriteLine("        16 -> BaseType:   {0}", intType.Name);
19
20        object int32Value = intValue;
21        Type int32Type = int32Value.GetType().BaseType.BaseType;
22        C.WriteLine("int32Value -> BaseType:   {0}", int32Type.Name);
23      }
24    }
25  }
```

Listing 8.8: Ausgabe der Applikation aus Listing 8.7

```
1   MyObject -> BaseType:    Object
2        16 -> BaseType:    Object
3   int32Value -> BaseType:    Object
```

8.4 Typecast und Datenkonversion

Variablen und Properties unterschiedlichen Datentyps können implizit oder explizit zwischen unterschiedlichen Datentypen hin und her gewandelt werden. Aber Vorsicht, dabei können Informationen verloren gehen und die vorgehaltenen Inhalte der Variablen und Properties verfälscht werden. Listing 8.9 enthält eine Beispielapplikation mit der dieser Umstand veranschaulicht wird. In den Zeilen 6 und 10 werden fünf Variablen erstellt. a erhält den Maximalwert der in int sicher (ohne Verlust) abgelegt werden kann. Daraufhin wird b vom Typ long erstellt; aus Tabelle 8.1 lesen wir, das long problemlos einen Wert des Typs int aufnehmen kann. Daraufhin wird b in bb kopiert und der für long größtmögliche Wert (ohne Verlust) abgelegt. Dieser Wert soll in c vom Typ int kopiert werden. Im Listing 8.10 ist die Ausgabe zu sehen, unschwer ist zu erkennen, dass der Wert von c verfälscht ist. Der Cast von int nach long findet implizit statt da ein long immer und ohne Fehler ein int aufnehmen kann. In die andere Richtung ist dies nicht möglich, ein impliziter Cast wird von einem C#-Compiler als Fehler angesehen; hier muss ein expliziter Cast durchgeführt werden und der Softwareentwickler ist dafür verantwortlich die entsprechenden Datentypgrenzen einzuhalten.

Listing 8.9: Informationsverlust bei Typecast/Datenkonversion

```
1   using C = System.Console;
2   class Program
3   {
4       static void Main(string[] args)
5       {
6           int a = int.MaxValue;
7           long b = a;
8           long bb = b;
9           bb = long.MaxValue;
10          int c = (int)bb;
11
12          C.WriteLine("a   [ int ]:   {0}", a);
13          C.WriteLine("b   [long]:   {0}", b);
14          C.WriteLine("bb [long]:   {0}", bb);
15          C.WriteLine("c   [ int ]:   {0}", c);
16
17          C.ReadLine();
18      }
19  }
```

Listing 8.10: Ausgabe der Applikation aus Listing 6

```
1   a   [ int ]:   2147483647
2   b   [long]:   2147483647
3   bb [long]:   9223372036854775807
4   c   [ int ]:   −1
```

8.5 Boxing und Unboxing

C# kann mit der Hilfe der *Boxing*- und *Unboxing*-Technik alle denkbaren Instanzen – sei es Klassen, Variablen oder Methoden/Funktionen – in wahlfrei gewählten Variablen/Properties zwischenlagern. Zudem kann man jederzeit ohne Probleme auf die eigentlichen Instanzen wieder zurückgreifen. Listing 8.11 veranschaulicht das für einen Integerwert. In Zeile 9 wird der Integerwert sechszehn in der Variablen value16 abgelegt. In der nächsten Zeile 10 wird diese Variable dem Objekt obj16 zugewiesen; dies ist das sog.Boxing. Die nachfolgende Zeile 11 führt das Gegenteil aus, führt mit der Hilfe des expliziten Typecast das sog. Unboxing aus und legt den Wert in val16 ab. Im IL-Code in Listing 8.12 ist dies gut herauszulesen.

In der Zeile 6 soll die CLR die Variable die zuvor mit ldc.i4.s 16 erstellt wurde und mit stloc.0 an der Speicherstell null bereitgestellt wird mit box in ein Object verpackt werden. Mit Zeile 10 soll aus diesem Objekt der Inhalt in den Datentyp System.Int32 mit unbox wieder herausgeholt werden; hierbei ist Int32 ein ValueType.

Listing 8.11: *Boxing* und *Unboxing*

```
1   namespace CSharpBoxing
2   {
3     using C = System.Console;
4
5     class Program
6     {
7       static void Main()
8       {
9         int value16 = 16;
10        object obj16 = (object)value16;
11        int val16 = (int)obj16;
12      }
13    }
14  }
```

Listing 8.12: IL-Code beim *Boxing* und *Unboxing*

```
1   // int num = 16;
2   IL_0001: ldc.i4.s 16
3   IL_0003: stloc.0
4   // object obj = num;
5   IL_0004: ldloc.0
6   IL_0005: box [mscorlib]System.Int32
7   IL_000a: stloc.1
8   // int num2 = (int)obj;
9   IL_000b: ldloc.1
10  IL_000c: unbox.any [mscorlib]System.Int32
11  IL_0011: stloc.2
```

Kapitel 9
Ablaufsteuerung

Ein Computer wird das tun, was du programmierst
nicht das, was du willst.

Unbekannter Autor

Keine Anwendung kommt ohne Ablaufsteuerungen aus. In jedem Fall müssen irgendwann Entscheidungen getroffen die dann den Ablauf einer Applikation beeinflussen. Allein schon aus der Tatsache heraus, dass evtl. invalide Daten vorhanden sind und dann auf potenzielle Fehler reagiert werden muss. Denn sollte man solche Punkte nicht beachten, dann liefert eine Applikation im schlimmsten Fall falsche Ergebnisse; ein Absturz ist wohl weniger tragisch als wenn Ansteuerungen von Maschinen mit falschen Daten erfolgen. In den nachfolgenden Abschnitten widmen wir uns kurz den Ablaufsteuerungsmechanismen die C# bietet.

9.1 `if`-Bedingung

Mit der Hilfe der `if`-Anweisung kann man eine einzelne Bedingung erstellen und dadurch u.a. Funktionen aktivieren oder deaktivieren. Listing 9.1 veranschaulicht den Gebrauch der `if`-Anweisung. In dem Beispiel wird geprüft wie viele Parameter beim Start der `main`-Funktion übergeben wurden und gibt darüber eine entsprechende Meldung aus.

Listing 9.1: Die `if`-Anweisung in Aktion

```
 1  using C = System.Console;
 2
 3  class Program
 4  {
 5    static void Main(string[] args)
 6    {
 7      int n = args.Length;
 8      if (n == 1) C.WriteLine("Ein Parameter!");
 9      if (n == 2) C.WriteLine("Zwei Parameter!");
10      if (n == 3) C.WriteLine("Drei Parameter!");
11      if (n == 4) C.WriteLine("View Parameter!");
12    }
13  }
```

Innerhalb einer `if`-Anweisung können mehrere Ausdrücke miteinander verkettet werden; dabei muss es sich im Ergebnis jeweils um einen booleschen Wert

Tabelle 9.1: bitweiser UND-Operator

Op1	Op2	Op1 && Op2
true	true	true
true	false	false
false	true	false
false	false	false

Tabelle 9.2: bitweiser ODER-Operator

Op1	Op2	Op1 && Op2
true	true	true
true	false	true
false	true	true
false	false	false

handeln. Diese einzelnen Ergebnisse können mit drei logischen booleschen Verknüpfungsoperatoren in einen Zusammenhang gebracht werden:

! Negiert den vorhandenen booleschen Wert; `!true` ist `false` und eine Angabe der Form `!false` ist gleichbedeutend mit `true`. Es können mehrere Negierungen hintereinander durchgeführt werden; also `!!!!false` ist `false` und `!!true` ist noch immer `true`.

&& Führt eine UND-Verknüpfung von zwei booleschen Werten durch.

|| Führt eine ODER-Verknüpfung von zwei booleschen Werten durch.

Diese Verknüpfungsoperatoren spiegeln die boolesche Wahrheitstabelle [27, 28] wieder. Die Tabellen 9.1 und 9.2 listen die entsprechenden booleschen Ergebnisse der jeweiligen Vergleiche auf.

Eine `if`-Bedingung wird nahezu Eins-zu-eins in IL-Code überführt; natürlich entsprechend der Syntaxregeln. Listing 9.2 enthält den IL-Code für `if (num > 0)`. In den ersten zwei Zeilen wird der Zahlenwert Null mit `ldc.i4.0` auf dem Stack gebracht, mit `stdloc.0` wird dieser Wert dann in die lokale Variablenliste geladen. Die nächsten zwei Zeilen bringen jeweils Werte auf dem Stack die dann mit `cgt` miteinander verglichen werden; hier kann man `cgt` wie folgt übersetzen „compare greater than", also „vergleiche ob der größer alsïst. Das Ergebnis wird dann auf dem Stack zwischengelagert und darauf in der lokalen Variablenlist abgelegt. Danach wird dieser Wert für die IL-Instruktion `brfalse.s` wieder auf dem Stack gebracht und je nachdem wie dieser Vergleichsbefehl ausgeht, wird die Ausführung nach dieser Prüfung weitergeführt oder nach `IL_000c` gesprungen. Je nachdem welche `if`-Bedingung Sie in C# implementieren, wird fast ausschließlich die Zeile 7 im IL-Code in einer anderen Form generiert. In der Tabelle 9.3 sind die unterschiedlichen Vergleichsformen und deren IL-Code-Äquivalent aufgeführt.

Tabelle 9.3: IL-Code für Wertevergleiche

IL-Code	Funktionsweise
cgt	if (1 > 0) – größer als, „greater than"
clt	if (1 < 0) – kleiner als, „less than"
ceq	if (1 == 0) – gleich, „equal"
cgt.un	if (1 != 0) – Zahlen werden zu vorzeichenlosen Werten umgewandelt und cgt wird angewendet

Listing 9.2: Der IL-Code einer if-Bedingung

```
1   // int num = 0;
2   IL_0001 : ldc.i4.0
3   IL_0002 : stloc.0
4   // if (num > 0)
5   IL_0003 : ldloc.0
6   IL_0004 : ldc.i4.0
7   IL_0005 : cgt
8   IL_0007 : stloc.1
9   IL_0008 : ldloc.1
10  IL_0009 : brfalse.s IL_000c
11  IL_000b : // Code ausfuehren wenn Bedingung True waere!
12  IL_000c : // Sprungmarke aus IL_0009 wenn Bedingung False waere.
```

9.2 if-else-Bedingung

Die if-else-Anweisung (zu Deutsch, *wenn-dann*) ist eine klassische Fallunterscheidung, z.B. wenn die Variable a den Wert Zehn hat, dann setze a auf Null, ansonsten erhöhe a um Eins. Listing 9.3 beinhaltet dieses Beispiel.

Listing 9.3: if-else-Anweisung mit einer Bedingung und einem Default-Zweig

```
1  int a = 10;
2  if (a == 10) { a = 0; }
3  else         { a++; }
```

Eine if-else-Anweisung kann aus mehreren Validierungszweigen bestehen (s. Listing 9.4).

Listing 9.4: if-else-Anweisung mit drei Ästen und einem Default-Zweig

```
1  int a = 10;
2      if (a == 1) { a =   0; }
3  else if (a == 2) { a =   1; }
4  else if (a == 3) { a =   3; }
5  else             { a =  -1; }
```

Der C#-Standard spezifiziert mit dem sogenannten Auswahloperator (engl. *Ternary Operator*) eine Kurzschreibweise, welche innerhalb von Anweisungen eingebettet werden kann. Mit der Unterstützung dieses Auswahloperators kann das Beispiel aus Listing 9.4 wie in Listing 9.5 gezeigt verkürzt werden.

Listing 9.5: Einfache Anwendung des Auswahloperators

```
1  int a = 10;
2  a = (a == 10 ? 0 : ++a);
```

Der generierte IL-Code von if-else-Bedingungen ist nahezu identisch mit dem IL-Code von if-Bedingungen. Entscheidend sind nur die Sprungmarken die verwendet werden, d.h. wenn eine Bedingung nicht erfüllt ist, wird daraufhin die nächste if-Bedingung gesprungen, usw. Die else-Anweisungen im C#-Sourcecode dienen um Grunde nur als Bindeglied einer if-Verkettung. Im Listing 9.6 ist dieser Sachverhalt gut nachzuvollziehen.

Listing 9.6: Der IL-Code einer if-else-Verkettung

```
1   // if (...) {
2   IL_0001: ldarg.0
3   IL_0002: ldc.i4.0
4   IL_0003: cgt
5   IL_0005: stloc.0
6   IL_0006: ldloc.0
7   IL_0007: brfalse.s IL_0016   // springe zur zweiten Pruefung
8   // [..snap..] Ausgabe "#1"
9   IL_0014: br.s IL_0036        // springe zum Ende
10  // } else if (...) {
11  IL_0016: ldarg.0
12  IL_0017: ldc.i4.0
13  IL_0018: ceq
14  IL_001a: stloc.1
15  // (no C# code)
16  IL_001b: ldloc.1
17  IL_001c: brfalse.s IL_002b   // springe zum Else-Zweig
```

```
18     // [.. snap ..] Ausgabe "#2"
19     IL_0029 : br . s IL_0036              // springe zum Ende
20  // } else {
21     // [.. snap ..] Ausgabe "#3"
22  // }
23     IL_0036 : nop
```

9.3 `switch-case`-Bedingung

Eine `switch-case`-Anweisung ist – vom Prinzip her – eine kompaktere Dar-
stellungsform einer `if-else`-Kontrollstruktur. Listing 9.7 beinhaltet die Grund-
struktur einer `switch-case`-Verwendung.

Listing 9.7: `switch-case`-Anwendungsfall und Verwendungsbeispiel

```
1   int a = 10;
2   switch(a)
3   {
4     case 1:  a =  0; break;
5     case 2:  a =  1; break;
6     case 3:  a =  2; break;
7     default: a = -1; break;
8   }
9
10  string word = "Hello";
11  switch (word)
12  {
13    case "Hello": break;
14    case "World": break;
15  }
16
17  double dvalue = 12.0;
18  switch (dvalue)
19  {
20    case 12.0: break;
21    case 13.0: break;
22  }
```

Ab der Version C# 6.0 kann der Vergleichsausdruck innerhalb von `switch()`
folgende Typen überprüfen[1]:

char   einzelne Zeichen
string   ganze Zeichenketten
bool   `true` oder `false`
Ganzzahlen   jedwede Ganzzahl, z.B. `int` oder `long`
Enumerationswerte   werden intern zu Ganzzahlen umgewandelt

Microsoft selbst spricht auf ihren Seiten davon das ab C# 7.0 alle Typen unterstützt werden, die *nicht* `null` werden. Ein einfacher Test zeigt etwas Anderes.
Wenn man ein `Nullable` verwendet, z.B. `bool?` `state=null`, diesen als
Ausdruck für `switch` verwendet, so wird entweder der Default-Zweig durchlaufen, aber, wenn man auf `null` explizit prüft, dieser entsprechende Zweig. Listing 9.8 enthält ein Beispiel mit entsprechendem Ergebnis einer Ausführung.

Listing 9.8: `switch-case`-Anwendungsfall mit Nullable

```
1   class Program
2   {
3     static void Main()
4     {
5       bool? vv = null;
6
7       for (int i = 0; i < 3; ++i)
```

---

[1] docs.microsoft.com/de-de/dotnet/csharp/language-reference/keywords/switch

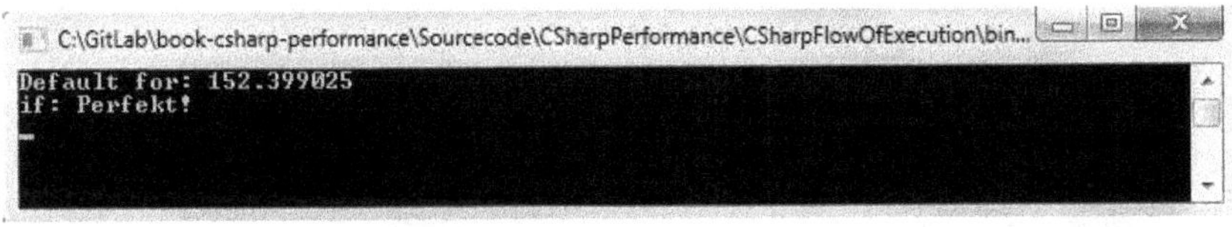

Abb. 9.1: Ergebnis der Ausführung der `switch-case`-Prüfung und `if-else`-Toleranzprüfung einer Fließkommazahl

```
 8      {
 9          switch (vv)
10          {
11              case false:
12                  C.WriteLine("switch-case: FALSE");
13                  vv = true;
14                  break;
15              case true:
16                  C.WriteLine("switch-case: TRUE");
17                  break;
18              default:
19                  C.WriteLine("switch-case: NULL");
20                  vv = false;
21                  break;
22          }
23      }
24      }
25  }
26
27  /*
28   * Ausgabe:
29   * ─────────
30   * switch-case: NULL
31   * switch-case: FALSE
32   * switch-case: TRUE
33   */
```

Auch Fließkommazahlen werden unterstützt, allerdings sollte man in diesem Fall eher mit `if-else`-Konstrukten arbeiten da es bedingt durch etwaige Rundungsfehler dazu kommen kann das Prüfungen bei Fließkommazahlen nicht greifen, auch wenn man diese erwarten sollte und programmatisch korrekte Werte übergibt. Da wäre eine Prüfung in der Form wie in Listing 9.9 anzuraten, wobei eine Toleranz mit einbezogen wird, denn Fließkommaberechnungen neigen dazu kleine bis große Rundungsfehler zu enthalten. Durch solche Rundungsfehler kann das Ergebnis nicht mehr mit festen Werten geprüft werden. Aus diesem Grund wird in der `switch-case`-Prüfung **nicht** in den `case`-Zweig gesprungen, da in `checkDv` der Wert `152.39902500000002` steht und nicht `152.399025`. Abbildung 9.1 zeigt die Ausgaben der Prüfungen und auch die erfolgreiche Prüfung der `if-else`-Prüfung mit der Einbeziehung eines Toleranzwertes der der berechnete Wert mit `Math.Pow()` abweichen darf.

Listing 9.9: `if-else`-Anwendungsfall für Fließkommazahlen

```
1  double dv = 12.345;
2  double checkDv = Math.Pow(dv, 2);
3  // checkDv ist: 152.39902500000002
4  switch (checkDv)
```

```
 5  {
 6    case 152.399025:
 7      C.WriteLine("switch-case: Perfekt!");
 8      break;
 9    default:
10      C.WriteLine("Default for: {0}", checkDv);
11      break;
12  }
13
14  if (Math.Abs(152.399025 - checkDv) < 0.0000001)
15    C.WriteLine("if: Perfekt!");
16  else
17    C.WriteLine("else: {0}", checkDv);
```

Der IL-Code einer `switch-case`-Bedingung kann dem IL-Code einer `if-else`-Bedingung ähneln, aber zusätzlich kann auch die IL-Instruktion `switch <uint32, int32, int32 (t1..tN)>` Verwendung finden. Ob der eine oder der andere Weg generiert wird, entscheidet der C#-Compiler von Fall zu Fall. Für Enum-Konstanten wird i.d.R. die IL-Instruktion `switch` generiert, wie in Listing 9.10 zu sehen ist. Würde der Methode `SwitchCase()` hingegen ein Integerwert übergeben werden, dann wäre hier wieder eine IL-Instruktionskette mit Vergleichen und Sprüngen generiert worden.

Listing 9.10: IL-Instruktion `switch` für C#-Enum-Werte

```
 1  //
 2  // aus diesen C#-Codezeilen:
 3  //
 4  public enum Modes { A, B, C}
 5  static void SwitchCase(Modes m)
 6  {
 7    switch (m)
 8    {
 9      case Modes.A: break;
10      case Modes.B: break;
11      case Modes.C: break;
12    }
13  }
14
15  //
16  // wird dieser IL-Code erzeugt:
17  //
18  .method private hidebysig static
19    void SwitchCase(valuetype Modes m) cil managed {
20    .maxstack 1
21    .locals init([0] valuetype Modes)
22
23    IL_0000: nop
24    IL_0001: ldarg.0
25    IL_0002: stloc.0
26    IL_0003: ldloc.0
27    IL_0004: switch (IL_0017, IL_0019, IL_001b)
28    IL_0015: br.s IL_001d
29    IL_0017: br.s IL_001d
30    IL_0019: br.s IL_001d
31    IL_001b: br.s IL_001d
32    IL_001d: ret
33  } // end of method Program::SwitchCase
```

9.4 for-Schleife – for-Loop

Die for-Schleife ist eine Zählschleife und der von einem bestimmten Wert zu einem zweiten Wert auf- oder abgezählt wird. Die Syntax der for-Schleife ist:

$$for(Initialisierung; Bedingung; Anweisung)\{_{optional}$$
$$Anweisung(en)$$
$$\}_{optional}$$

Die geschweiften Klammern sind nur erforderlich, wenn mehr als eine Anweisung innerhalb der for-Schleife ausgeführt werden sollen. Nachfolgend ein Beispiel mit zwei for-Schleifen: (i) die erste zählt von null bis zehn hoch und (ii) die zweite zählt von zehn auf null runter (s. Listing 9.11).

Listing 9.11: Zwei for-Schleifen: (i) inkrementierend und (ii) dekrementierend

```
1  for(int a = 0; a <= 10; ++a) ;
2  for(int a = 10; a >= 0; —a) ;
```

Die Signatur einer for-Schleife kann leer aber auch individuell ausgefüllt sein, unterschiedliche Umsetzungen sind denkbar, d.h.

- es wird keine oder nur eine Initialisierung durchgeführt,
- nach einem Schleifendurchlauf wird keine oder die Bedingung überprüft und
- keine oder mehrere Anweisung(en) ausgeführt.

Listing 9.12 enthält unterschiedliche Formen von for-Schleifen, u.a. unterschiedliche Arten der Initialisierung aber auch unterschiedliche Möglichkeiten wie die Zählvariablen modifiziert werden können.

Listing 9.12: Unterschiedliche Möglichkeiten des Initialisierens und Zählen

```
1   // man muss nicht im for-Konstrukt
2   // selbst hochzaehlen, dies geht auch
3   // innerhalb der Schleife
4   int j = 0;
5   for (; j < 10;)
6     C.WriteLine($"j: {++j}");
7
8   // verwendet in der Abbruchbedingung
9   // eine sog. Predicate-Anweisung
10  Predicate<int> isBelow10 = i => i < 10;
11  for(int i = 0; isBelow10.Invoke(i); ++i)
12    C.WriteLine($"i: {i}");
13
14  // iteriert ueber das gesamte ABC
15  // von 'a' bis einschliesslich 'z'
16  for(char abc = 'a'; abc != 'z'; ++abc)
17    C.WriteLine($"ch: {abc}");
18
19  // eine Schleife die im Grunde
20  // keine Schleife ist und sofort
21  // verlassen wird
22  for (;;) break;
```

Listing 9.13 beinhaltet ein Beispiel, das im Initialisierungsteil eine Strukturinstanz deklariert und mit einem Standardwert definiert. Die Abbruchbedingung in der Mitte der `for`-Schleife prüft `value` daraufhin ob dieser kleiner als zehn ist. Wenn die Prüfung negativ ausfällt, wird der `value` um Eins inkrementiert und der Inhalt der `for`-Schleife ausgeführt; hier handelt es sich um eine einfache Ausgabe.

Listing 9.13: `for`-Schleife mit einer Strukturinstanz als Iterationsparameter

```
1   struct Counter { public int value; }
2
3   static void Main()
4   {
5     for (var c = new Counter() { value = 0 };
6          c.value < 10;
7          c.value++)
8     {
9       C.WriteLine("C: {0}", c.value);
10    }
11  }
```

Sie können auch das Konzept von `async` mit `await` nutzen wie dies in Listing 9.14 an einem Beispiel demonstriert wird. In der Zeile 15 wird in der Initialisierung der Zählvariablen `idx` auf den Rückgabewert von `GetStart()` gewartet. Diese Methode ist als `async`-Methode umgesetzt und wartet intern auf die Beendigung des `Sleep()`-Aufrufes in Zeile 8. Wenn Sie dieses Nachstellen wollen, so sollten Sie ein `ReadLine()` *vor* Beendigung der Applikation hinzufügen, denn ansonsten beendet sich die Applikation leider vor der Rückkehr aus dem Schlafmodus und Sie sehen keine verzögerte Ausführung der `for`-Schleife. Die Programmierung mit dem `async`/`await`-Pattern wird in Abschnitt 12 ausführlich beschrieben.

Listing 9.14: `for`-Schleife wartet auf den Startindex

```
1   using C = System.Console;
2
3   public class ForLoopWithAsync
4   {
5     public async Task<int> GetStart(int startIndex)
6     {
7       return await Task.Run(() => {
8         System.Threading.Thread.Sleep(1000);
9         return startIndex;
10      });
11    }
12
13    public async void CallAwait()
14    {
15      for (var idx = await GetStart(10); idx >= 0; —idx)
16        C.WriteLine($"idx: {idx}");
17    }
18  }
19
20  class Program
21  {
22    static void Main()
23    {
24      var instance = new ForLoopWithAsync();
25      instance.CallAwait();
26      C.ReadLine();
27    }
28  }
```

Der IL-Code einer `for`-Schleife in Listing 9.15 verdeutlicht den Ablauf. Zum Beginn wird eine Zählvariable erzeugt und mit null initialisiert. Daraufhin wird in Zeile 15 gesprungen und geprüft ob die Schleife überhaupt begonnen werden soll. Wenn ja, dann wird in Zeile 6 gewechselt; der eigentliche Schleifenbeginn. Die Befehle werden ausgeführt und am Ende wird die Zählvariable i um einen entsprechenden Wert erhöht. Daraufhin wird wieder geprüft ob die Bedingung erfüllt ist oder nicht und entsprechende wieder zum Schleifenbeginn gewechselt oder der Schleifablauf verlassen.

Listing 9.15: Der IL-Code einer `if-else`-Verkettung

```
 1  // for ( int i = 0; ... )
 2     IL_0001 : ldc.i4.0
 3     IL_0002 : stloc.0
 4     IL_0003 : br.s IL_0021          // springe zur Prüfung "i < max"
 5  // loop start (head: IL_0021)
 6        IL_0005 : nop
 7     // [..snap..]
 8     // for ( ... ; i++)
 9     IL_001d : ldloc.0
10     IL_001e : ldc.i4.1
11     IL_001f : add                   // inkrementiere i
12     IL_0020 : stloc.0
13
14     // for ( ...; i < max; ...)
15     IL_0021 : ldloc.0
16     IL_0022 : ldarg.0
17     IL_0023 : clt
18     IL_0025 : stloc.1
19     IL_0026 : ldloc.1
20     IL_0027 : brtrue.s IL_0005      // springe zum Schleifenbeginn
21  // end loop
```

9.5 foreach-Schleife

Mit der foreach-Schleife kann man auf elegante Art über Listen, Arrays und
sog. Collections (nachfolgend *Datenlisten* genannt) iterieren. Es gibt keine Abbruchbedingung, was bedeutet das alle Elemente einer Datenliste gelesen werden
und jeweils mit diesem Datensatz etwas gearbeitet werden kann; es steht dem
Entwickler frei im Innern der Schleife mit Abbruchbedingungen zu arbeiten und
entsprechend die Schleife zu verlassen. Die Syntax der foreach-Schleife ist:

$$foreach(Datentyp\ Variable\ in\ Liste/Array)\{_{optional}$$

$$Anweisung(en)$$

$$\}_{optional}$$

Wie bei allen anderen Schleifen sind die geschweiften Klammern optional und
nur erforderlich, wenn mehr als eine Anweisung innerhalb der Schleife ausgeführt werden sollen. Listing 9.16 beinhaltet zwei Beispiele für foreach-
Anwendungen. Im ersten Fall wird eine sog. Collection durchwandert, im zweiten
Fall wird ein Array von Integerwerten abgearbeitet.

Listing 9.16: foreach-Schleife zum Durchwandern von Listen

```
1   List<string> items = new List<string>
2   {
3     "Hello", "World", "!!!"
4   };
5
6   foreach (var it in items)
7     C.WriteLine("Eintrag: {0}", it);
8
9   int sum = 0;
10  var entries = new int[] { 1, 2, 3, 4, 5 };
11  foreach (int zahl in entries)
12    sum += zahl;
```

Der IL-Code einer foreach-Schleife sowie die Architektur einer solchen Schleifen wird in Abschnitt 10.3 genauer betrachtet.

9.6 **while**-Schleife

Die while-Schleife führt kontinuierlich alle die in den geschweiften Klammern eingeschlossenen Anweisungen oder direkt eine nachfolgende Anweisung durch. Die Ausführung der Anweisung hängt von der Bedingung ab. Für den Start muss die Bedingung erfüllt sein; d.h. die mögliche Anzahl der Schleifendurchläufe ist Null bis unendlich. Die Schleife wird nach dem erfolgreichen Start solange ausgeführt, wie die Bedingung erfüllt ist. Die Syntax der while-Schleife ist:

$$while(Bedingung)\{_{optional}$$
$$Anweisung(en)$$
$$\}_{optional}$$

Die geschweiften Klammern sind nur erforderlich, wenn mehr als eine Anweisung innerhalb der while-Schleife ausgeführt werden sollen. Das Beispiel in Listing 9.17 zählt von Null bis Zehn und könnte ein Ersatz für eine ähnliche Arbeitsweise einer for-Schleife sein.

Listing 9.17: while-Schleife als for-Schleifenäquivalent

```
1  int a = 0;
2  while(a <= 10)
3  {
4    C.WriteLine("a: {0}", a);
5    ++a;
6  }
```

Wie bei der do-while-Schleife kann diese durch folgende Anweisungen und Techniken verlassen werden: **goto**, **return** und **break**. Der IL-Code einer while-Schleife ist nahezu identisch mit dem IL-Code einer for-Schleife und einer do-while-Schleife.

9.7 do-while-Schleife

Die do-while-Schleife ähnelt der while-Schleife, der Unterschied liegt in der
Anzahl der Schleifendurchläufe; diese beträgt eine bis unendlich. Die Syntax der
do-while-Schleife ist:

$$do\{_{optional}$$
$$Anweisung(en)$$
$$\}_{optional}while(Bedingung)$$

Die geschweiften Klammern sind nur erforderlich, wenn mehr als eine Anweisung
innerhalb der do-while-Schleife ausgeführt werden sollen.

Das Beispiel in Listing 9.18 enthält ein Beispiel, welches von Null bis Zehn hoch-
und von Zehn bis Null hinunterzählt.

Listing 9.18: Vergleich zwischen do-while-Schleife und while-Schleife

```
1  int a = 0;
2  do { ++a; } while ( a < 10);
3  while(a >= 0) { —a; }
```

do-while-Schleifen können am Ende durch die Prüfung der Bedingung abgebrochen werden, dafür muss die Bedingung *nicht* erfüllt sein; also false sein.
Allerdings kann auch direkt aus der Schleife herausgesprungen werden. In Listing 9.19 finden Sie weitere Möglichkeiten eine solche Schleifen zu verlassen:

Ausnahmebehandlungen Wie überall in C# können Sie zu jedem Zeitpunkt
Ausnahmebehandlung (in Englisch *Exceptions*) werfen (in Zeile 11), diese
können dann mit try-catch abgefangen werden (in Zeile 14). Kapitel 13
stellt Exception im Detail vor.

goto Mit einer Sprunganweisung können Sie zu einer beliebigen Sprungmar-
ke springen (in Zeile 25).

return/break Wie überall in C# können Sie überall mit dem einfachen Aufruf
von return oder break eine Methode verlassen (in Zeile 40).

Listing 9.19: Unterschiedliche Wege zum Verlassen einer do-while-Schleife

```
1   private class VerlasseDoLoop : Exception {
2     public VerlasseDoLoop(string msg) : base(msg) { }
3   }
4
5   static void Main()
6   {
7     try
8     {
9       do
10      {
11        throw new VerlasseDoLoop("Keine Lust...");
12      } while (true);
```

```
13      }
14      catch (VerlasseDoLoop ex)
15      {
16        C.WriteLine ("Loop has been left :-D");
17        C.WriteLine ($"{ex.Message}");
18      }
19
20      int doCount = 0;
21      do
22      {
23        ++doCount;
24        if (doCount >= 10)
25          goto AfterDoWhile;
26      } while (true);
27      AfterDoWhile:
28        C.WriteLine ("Das war es dann wohl...");
29
30      LeaveDoWhile();
31    }
32
33    static void LeaveDoWhile()
34    {
35      int cnt = 0;
36      do
37      {
38        ++cnt;
39        if (cnt >= 10)
40          return;
41      } while (true);
42    }
```

Der IL-Code einer do-while-Schleife ist nahezu identisch mit dem IL-Code einer for-Schleife und einer while-Schleife.

Kapitel 10
Arrays, Collection und Enumerables

Computer sind unbrauchbar.
Sie können nur Fragen beantworten.

Pablo Picasso

10.1 Arrays

C# – sowie fast alle gängigen Programmiersprachen – bieten die Möglichkeiten Arrays zu erstellen; dies sind zusammenhängende Speicherbereiche eines bestimmten Datentyps. Wichtig: Arrays sind in C# standardmäßig Null-indexiert. Der erste Wert innerhalb eines Arrays wird durch den Indexwert Null (als Zahl '0') adressiert. Der höchste Index ist immer die Arraygröße minus Eins. Listing 10.1 beinhaltet die gängigsten Möglichkeiten ein Array zu erstellen und zur Verwendung zu initialisieren. Die Startmethode `Main()` kann optional ein Array an Zeichenketten aufnehmen, wodurch beim Start einer Applikation Verarbeitungsoptionen übergeben werden können und somit der Ablauf der Applikation optional beeinflusst werden kann. In Zeile 12 wird ein Array mit Integerwerten erstellen, welches eine Größe von Null hat, somit keinen Wert aufnehmen kann. Die Größe eines Arrays kann mit dem Property-Getter `Length` ermitteln werden. Im Gegensatz zu einem Array das keine Elemente aufnehmen kann wird in Zeile 15 ein Wert mit einer Größe von 10 erstellt, welches somit diese Anzahl an Integerwerten vorhalten kann. Wenn bei der Erstellung von einem Array dieses nicht von Ihnen initialisiert wird, so wird der Standardwert des jeweiligen Datentyps verwendet. Zeile 20 wird ein Array für Zeichenketten erstellt welches direkt beim Anlegen mit drei Werten gefüllt wird.

Wie wir wissen sind alle Variablen oder Klasseninstanzen Spezialisierungen der Standardklasse `Object` und so ist es auch mit Arrays. In den Zeilen 23 bis 36 werden die Typen der Variable `strArray` ausgegeben. `strArray` ist vom Standardtyp `System.String[]` (wobei `string` eigentlich nur ein Alias auf `System.String[]` ist), der Basistyp davon ist `System.Array` und `System.Object` ist davon die Basis; wodurch nachvollziehbar ist wieso in Zeile 27 der Wert für `IsClass` auf `True` steht.

Listing 10.1: Möglichkeiten ein Array zu erstellen und zu initialisieren

```
1   using C = System.Console;
```

```
2
3    class Program
4    {
5      static void Main(string[] args) // erste Argument ist ein Array
6      {
7        C.WriteLine("Aufrufparameter: {0}", args.Length);
8        C.WriteLine("> {0}", args.Length == 0
9                   ? "-.-"
10                  : string.Join(", ", args));
11
12       int[] intArray = new int[0];
13       C.WriteLine("intArray Length: {0}", intArray.Length);
14
15       int[] intArray10 = new int[10];
16       C.WriteLine("intArray Length: {0}", intArray10.Length);
17       foreach(var intIt in intArray10)
18         C.WriteLine("Wert: {0}", intIt);
19
20       var strArray = new [] {"Hello", "World", "!"};
21       C.WriteLine("{0}", string.Join(" ", strArray));
22
23       C.WriteLine("Typeof: {0}", strArray.GetType());
24       C.WriteLine("Typeof: {0}", strArray.GetType().BaseType);
25       C.WriteLine("Typeof: {0}", strArray.GetType().BaseType.BaseType);
26
27       var type = typeof(System.Array);
28
29       C.WriteLine("IsArray #1: {0}   IsClass: {1}",
30         type.IsArray, type.IsClass
31       );
32
33       C.WriteLine("IsArray #2: {0}   IsClass: {1}",
34         strArray.GetType().IsArray,
35         strArray.GetType().IsClass
36       );
37
38       C.ReadLine();
39     }
40   }
```

10.2 Collection oder Auflistungen

C# bietet die Möglichkeit von Collection (zu Deutsch „Auflistungen") die dazu
dienen Gruppen von zueinander gehörenden Objekten zu verwalten. Dabei müssen die Objekte nicht zwingend von gleichen Typ sein. Anstatt Collection können
auch Arrays verwendet werden, wobei die Collection allerdings dynamisch wach-
sen und auch wieder schrumpfen können; also der Speicherverbrauch anpasst,
Arrays hingegen haben von vornherein eine feste Größe. Es empfiehlt sich eine
generische Collection zu wählen, da hier eine Typsicherheit gegeben ist; dies erleichtert das Hinzufügen von Objekten zu einer Collection aber auch beim Lesen
muss nicht zwingend der Typ geprüft werden.[1] In Abbildung 10.1 wird die Typenhierarchie Collections (ohne Nebenläufigkeit, siehe weiter unten) dargestellt. Alle
Collection-Typen können mit einem Enumerator durchwandert werden und können somit problemlos mit der schon vorgestellten `foreach`-Schleife durchwan-

---

[1] docs.microsoft.com/de-de/dotnet/csharp/programming-guide/concepts/collections

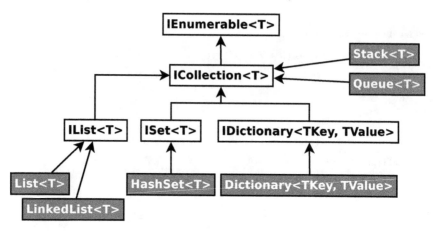

Abb. 10.1: Typenhierarchie der C#-Interfaces für Collection-Implementierungen

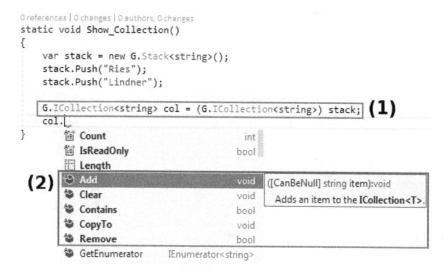

Abb. 10.2: Mit `ICollection` verfügbare Methoden und Properties

dert werden. `IEnumerable` wird durch `ICollection` erweitert, so dass Standardmethoden zum Hinzufügen (`Add()`), Entfernen (`Remove()`, `Clear()`), Suchen (`Contains()`) von Inhalten möglich ist (s. Abb. 10.2, Punkt **(2)**). Um sich ausschließlich die Methoden und Properties dieser Schnittstelle anzuschauen kann man einen entsprechend Typcast durchführen (s. Abb. 10.2, Punkt **(1)**) Weiterhin kann die aktuell Anzahl (`Count`) an Elementen ermittelt werden und der gesamte Inhalte vollständig oder teilweise in ein separates Array kopiert werden (`CopyTo()`). Mit `IsReadOnly` ist es möglich zu prüfen ob Elemente überhaupt hinzugefügt oder entfernt werden können.

Die generischen Collections existieren in unterschiedlichen Ausprägungen. Wir unterscheiden folgende Typen:

generische Collections Dies sind die einfachen generischen Collection, u.a. `List<T>` oder `Stack<T>`. Diese Collections befinden sich im .NET Namensraum `System.Collections.Generic`.

nebenläufige Collections Dies sind generische Collection die allerdings von unterschiedlichen parallel laufen Threads genutzt werden können und hierbei der Zugriff synchronisiert ist, dabei es am Ende kein ungültiges Datenmodell gibt. Diese Collection befinden sich im .NET Framework-Namensraum `System.Collections.Concurrent`.

klassische Collections Diese Collections existieren seit der ersten Version des .NET Framework und von einer Nutzung wird von Microsoft offiziell abgeraten und es wird darum gebeten doch bitte *generische Collections* oder *nebenläufige Collections* zu nutzen. In diesem Buch wird auch nicht weiter auf diesen Typ der Collections eingegangen.

Die Verwendung von Collections stellt für sich alleine betrachtet keine große Herausforderung dar. Kompliziert kann es dann werden, wenn Performance und Speicherverbrauch relevant und Beachtung erfordert. Dazu widmen wir uns allerdings in zwei eigenen größeren Abschnitten. Die Performance wird ab Seite 123 analysiert und der Speicherverbrauch ab Seite 123 unter die Lupe genommen.

10.2.1 *List<T>*

Listing 10.2 enthält eine Möglichkeit wie man eine `List<T>`-Instanz erstellt und auf dessen Inhalt über unterschiedliche Schleifen und Enumeratoren zugreifen kann. Eine Instanz von `List<T>` erlaubt einen wahlfreien Zugriff, d.h. man kann jedes Element direkt mit einem Index abfragen aber auch an jeder Stelle in der Liste neue Elemente hinzufügen oder auch entfernen. Weiterhin bietet dieser Collection-Typ folgende Funktionalitäten:

Umstrukturieren `Reverse()`-Methoden zum Ändern der Elementreihenfolge und einige `Sort()`-Varianten und die Elemente zu sortieren

Suchen `BinarySearch()`-Varianten zum Suchen im internen Binärbaum der `List`-Implementierung, eine Handvoll Methoden zum expliziten Suchen von Elemente mit `Find()`, `FindAll()`, `FindIndex()`, `FindLast()`, `FindLastIndex()`, `IndexOf()` und `LastIndexOf()`

Statusabfragen `Contains()`, `Exists()` und `TrueForAll()` erlauben den Status von Elementen zu prüfen und entsprechende Boolsche-Ergebnisse zu liefern, womit abhängig vom Ergebnis entsprechende Weiterverarbeitungen erfolgen könnten.

Listing 10.2: Verwendung von `List<T>`

```
1   using C = System.Console;
2   using G = System.Collections.Generic;
3
4   class Program
5   {
6     static void Main(string[] args)
7     {
8       // Liste von Namen erstellen
9       var listOfItems = new G.List<string> {"Ries", "Lindner"};
10
11      foreach (var it in listOfItems)
12        C.WriteLine("Name: {0}", it);
13
14      for (var i = 0; i < listOfItems.Count; ++i)
15        C.WriteLine("Name: {0}", listOfItems[i]);
16
17      listOfItems.ForEach(it => C.WriteLine("Name: {0}", it));
18
19      var itt = listOfItems.GetEnumerator();
20      while(itt.MoveNext())
21        C.WriteLine("Name: {0}", itt.Current);
22    }
23  }
```

10.2.2 Dictionary<TKey, TValue>

Listing 10.3 enthält eine Möglichkeit wie man einem `Dictionary<TKey, TValue>`-Instanz erstellt und auf dessen Inhalt über unterschiedliche Schleifen und Enumeratoren zugreifen kann.

Listing 10.3: Verwendung von `Dictionary<TKey, TValue>`

```
1   using C = System.Console;
2   using G = System.Collections.Generic;
3
4   class Program
5   {
6     static void Main(string[] args)
7     {
8       // Dictionary von Namen mit Alter erstellen
9       var listOfItems = new G.Dictionary<string, int>
10      {
11        {"Ries", System.Int32.MaxValue},
12        {"Lindner", System.Int32.MinValue}
13      };
14
15      foreach (var entry in listOfItems)
16        C.WriteLine("{0} -> {1}", entry.Key, entry.Value);
17
18      G.Dictionary<string, int>.KeyCollection keys = listOfItems.Keys;
19      foreach(var k in keys)
```

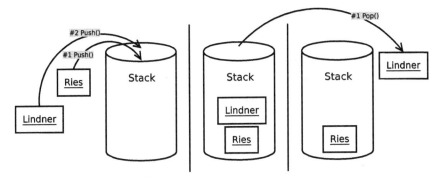

Abb. 10.3: Visualisierung der Funktionsweise eines `Stack`

```
20        C. WriteLine ("{0} -> {1}", k, listOfItems[k]);
21
22    string pattern = "Ries";
23
24    int age;
25    if (listOfItems.TryGetValue(pattern, out age))
26        C. WriteLine ("{0} -> {1}", pattern, age);
27
28    if (listOfItems.ContainsKey(pattern))
29        C. WriteLine ("{0} existiert!", pattern);
30    }
31 }
```

10.2.3 *Stack<T>*

Listing 10.4 enthält eine Möglichkeit wie man eine `Stack<T>`-Instanz erstellt und auf dessen Inhalt über unterschiedliche Schleifen und Enumeratoren zugreifen kann. Abbildung 10.3 enthält die Visualisierung wie ein Stack (zu Deutsch „Stapel") in der Praxis verwendet wird. In aller Regel besitzt ein Stack mindestens zwei Methoden um mit diesen zu arbeiten: (i) `Push()` und (ii) `Pop()`. Mit `Push()` werden Daten, Objekte, Information in dem Stack gebracht. Hierbei wird dieser neue Inhalt immer *oben* auf den Stapel gelegt; man kann das ruhig bildlich wie ein Haufen Zeitschriften betrachten, die letzte Zeitung kommt immer oben drauf und wenn man an die unteren Zeitschriften will, dann muss man erst die oberen Zeitschriften herunternehmen. Für das Herunternehmen ist hier `Pop()` verantwortlich. Im Gegensatz zum FIFO (s. Abschn. 10.2.4) ist ein Stack ein sog. First-in-Last-out (FILO), womit gemeint ist, dass das Element welches als erstes hinzugefügt am längsten im Stack vorhanden ist; denn es müssen erst alle Objekte die auf diesem Objekt liegen entnommen werden.

Listing 10.4: Verwendung von `Stack<T>`

```
1  using C = System.Console;
```

```
2    using G = System.Collections.Generic;
3
4    class Program
5    {
6      static void Main(string[] args)
7      {
8        var stack = new G.Stack<string>();
9        stack.Push("Ries");
10       stack.Push("Lindner");
11
12       foreach(var it in stack)
13         C.WriteLine("{0}", it);
14
15       for(int i=0; i < stack.Count; ++i)
16         C.WriteLine("{0}", stack.ToArray()[i]); // Boese!!!
17
18       while(stack.Count > 0)
19         C.WriteLine("{0}", stack.Pop());
20
21       C.WriteLine("Elements: {0}", stack.Count);
22     }
23   }
```

10.2.4 Queue<T>

Listing 10.5 enthält eine Möglichkeit wie man eine Queue<T>-Instanz erstellt
und auf dessen Inhalt über unterschiedliche Schleifen und Enumeratoren zugreifen kann. Die Queue ist eine recht angenehme Variante einer Collection und arbeitet nach dem First-in-First-Out (FIFO) Prinzip; die FIFO ist der Gegenpart
zum FILO (s. Abschn. 10.2.3). Abbildung 10.4 visualisiert die prinzipielle FIFO-
Arbeitsweise. In der Mitte befindet sich eine Instanz einer Queue. Auf der linken Seiten wird mit dem Aufruf Enqueue() ein Objekt in die FIFO gebracht.
Dies kann x-mal gemacht werden. Die FIFO füllt sich auf, die Objekte werden
immer weiter nach rechts geschoben und stauen sich dort auf. Beim Aufruf von
Dequeue() wird das Objekt das ganz rechts anstößt aus der FIFO genommen,
das Objekt links davon rückt auf und beim nächsten Aufruf von Dequeue()
wird dieses dann aus der FIFO genommen, usw. bis die FIFO leer ist. Wenn man
nur das Objekt abfragen will was ganz rechts anstößt, dieses aber nicht entfernen
will, dann reicht der Aufruf von Peek().

Listing 10.5: Verwendung von Queue<T>

```
1    using C = System.Console;
2    using G = System.Collections.Generic;
3
4    class Program
5    {
6      static void Main(string[] args)
7      {
8        var queue = new G.Queue<string>();
9        queue.Enqueue("Ries");
10       queue.Enqueue("Lindner");
11
12       foreach (var it in queue)
13         C.WriteLine("{0}", it);
```

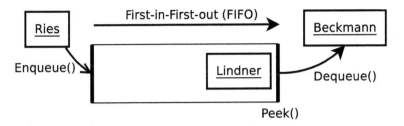

Abb. 10.4: Visualisierung der Funktionsweise einer Queue

```
14
15      for (int i = 0; i < queue.Count; ++i)
16        C.WriteLine("{0}", queue.ToArray()[i]); // Bad idea!
17
18      var itemBegin = queue.Peek();
19      C.WriteLine("{0}", itemBegin);
20
21      var itt = queue.GetEnumerator();
22      while (itt.MoveNext())
23        C.WriteLine("{0}", itt.Current);
24
25      do
26      {
27        C.WriteLine("{0}", queue.Dequeue());
28      } while (queue.Count != 0);
29    }
30 }
```

10.2.5 HashSet<T>

Listing 10.7 enthält eine Möglichkeit wie man eine HashSet<T>-Instanz erstellt und auf dessen Inhalt über unterschiedliche Schleifen und Enumeratoren zugreifen kann. Die Zeilen 8 bis 17 sind die Codebasis für die Visualisierung der Funktionsweise in Abbildung 10.5. Mit der Instanziierung von HashSet wird in unserem Beispiel eine Mindestgröße angegeben, wenn es sich bei diesem Wert nicht um eine Primzahl handelt, so wird die nächste größere Primzahl ermitteln. Intern wird dafür die Lookup-Tabelle aus Listing 10.6 verwendet. Würden Sie also neun verwenden, so würde elf herausgesucht werden; bei sechszig würde der Wert einundsiebzig ermittelt werden. Die Verwendung von Primzahlen erlaubt ein schnelleres Finden und entsprechendes Hinzufügen mit der Hilfe des sogenannten Doppelhash-Verfahren [8, 11].

Listing 10.6: Primzahl Lookup-Tabelle für HashSet<T>

```
1 public static readonly int[] primes = {
2     3,  7,  11,  17,  23,  29,  37,  47,  59,  71,  89,  107,  131,  163,  197,
3     239,  293,  353,  431,  521,  631,  761,  919,  1103,  1327,  1597,  1931,
4     2333,  2801,  3371,  4049,  4861,  5839,  7013,  8419,  10103,  12143,
5     14591,  17519,  21023,  25229,  30293,  36353,  43627,  52361,  62851,
6     75431,  90523,  108631,  130363,  156437,  187751,  225307,  270371,
```

```
7     324449, 389357, 467237, 560689, 672827, 807403, 968897, 1162687,
8     1395263, 1674319, 2009191, 2411033, 2893249, 3471899, 4166287,
9     4999559, 5999471, 7199369
10    };
```

Beim Hinzufügen eines neuen Wertes, z.B. „Ries" vom Typ String, wird von diesem Wert der Hashwert errechnet und mit einer UND-Operation und dem Wert 0x7fffffff umgewandelt, so dass der Hashwert positiv wird (nachfolgend *PHashWert* genannt). Daraufhin wird dieser Hashwert mit einer Modulo-Division in den Bereich zwischen Null und der oben ermittelten Primzahl umgerechnet (nachfolgend *IndexHash* genannt). Dieser Wert wird als Index verwendet um in der internen Liste m_buckets zu schauen ob schon ein Eintrag für den Index-Hash existiert, wenn ja, dann wird der Hashwert aus m_slots mit dem PHashWert verglichen. Wenn dieser nicht übereinstimmt, dann wird der neue Eintrag übernommen, ansonsten wird der Eintrag verworfen. Die Reihenfolge der Einträge in m_slots stimmt mit der Reihenfolge des Hinzufügens überein. Wenn der IndexHash von vornherein nicht schon vorhanden ist, dann wird der Eintrag direkt in der m_slots-Liste übernommen. Diese Technik erlaubt keine Duplikate in der Liste von Datensätzen.

Listing 10.7: Verwendung von HashSet<T>

```
1     using C = System.Console;
2     using G = System.Collections.Generic;
3
4     class Program
5     {
6       static void Main(string[] args)
7       {
8         var items = new G.HashSet<string>(11);
9         items.Add("Ries");
10        items.Add("Lindner");
11
12        foreach (var it in items)
13          C.WriteLine("{0}", it);
14
15        var itt = items.GetEnumerator();
16        while (itt.MoveNext())
17          C.WriteLine("{0}", itt.Current);
18
19        var hash2 = new G.HashSet<string>();
20        hash2.Add("Beckmann");
21        hash2.Add("Ries");
22
23        hash2.UnionWith(hash);
24        foreach (var it in hash2)
25          C.WriteLine("{0}", it);
26
27        hash2.Clear();
28        hash.Clear();
29      }
30    }
```

Bei dem Zugriff auf die Einträge mit foreach wird mit der Hilfe von Get-Enumerator() vom Anfang der m_slots Datenliste iteriert. Intern steht der Index dann auf Null und mit jedem Aufruf von MoveNext() (siehe Listing 10.8) wird dieser Index um einen Schritt erhöht. Diese Art der Implementierung erlaubt keinen Einsatz eines HashSet in Multithread-Applikationen in denen mehrere

Threads auf den `HashSet` zugreifen wollen, da der Index nicht entsprechenden abgesichert ist und innerhalb der Enumerator-Klasse eine Referenz auf die Ursprüngliche `HashSet`-Instanz verwendet wird, welche auch nicht gegen mehrere Zugriffe aus unterschiedlichen Threads abgesichert ist. Änderungen aus einem Threads wirken sich global aus.

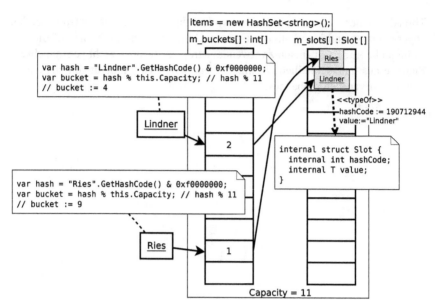

Abb. 10.5: Visualisierung der Funktionsweise eines `HashSet`

Listing 10.8: `MoveNext()` bei Verwendung von Enumeratoren

```
 1  public bool MoveNext()
 2  {
 3      while (index < set.m_lastIndex)
 4      {
 5          if (set.m_slots[index].hashCode >= 0)
 6          {
 7              current = set.m_slots[index].value;
 8              index++; return true;
 9          }
10          index++;
11      }
12      index = set.m_lastIndex + 1;
13      current = default(T);
14      return false;
15  }
```

10.2.6 *LinkedList<T>*

Listing 10.9 enthält eine Möglichkeit wie man eine `LinkedList<T>`-Instanz erstellt und auf dessen Inhalt über unterschiedliche Schleifen und Enumeratoren zugreifen kann. Die Funktionsweise der verketteten Liste (hier „LinkedList") soll in Abbildung 10.6 visuell verdeutlicht werden. Eine Instanz dieses Typs kann sog. Knoten (auch „Nodes" genannt) aufnehmen. Diese Knoten sind untereinander nachbarschaftlich verbunden. Beim Hinzufügen eines weiteren Knoten in

die Liste wird über die entsprechende Methode – die das Hinzufügen übernimmt,
z.B. AddLast() – explizit mit angegeben an welcher Stelle in dieser Kette der
neue Knoten eingefügt werden soll. Wenn am Ende ein neuer Knoten hinzugefügt werden soll, dann werden zahlreichen Properties weiterer beteiligter Knoten
aktualisiert. Der Knoten der vor dem Hinzufügen der eigentliche letzte Knoten
war, bekommt den neuen Knoten als Verlinkung in seine Property Next eingetra-
gen, der hinzugefügte Knoten erhält diesen Knoten für sein Property Previous.
Analog wäre diese Durchführung für ein wahlfreies Hinzufügen oder Entfernen
eines Knoten an beliebiger Stelle in der Kette. Die jeweiligen Properties Next
und Previous der Knoten wird immer entsprechend angepasst. Die Hauptin-
stanz der Liste hat zudem zwei Properties First und Last die immer auf den
Anfang und das Ende der Kette verweisen. Es ist egal welchen Knoten man gerade
in der Hand hält, durch die Verkettung der genannten Properties kommt man immer zu jedem Zeitpunkt an jeden beliebigen anderen Knoten. Hierbei muss man
nur mit der Hilfe dieser Properties die Kette durchwandern.

Listing 10.9: Verwendung von LinkedList<T>

```
1   using C = System.Console;
2   using G = System.Collections.Generic;
3
4   class Program
5   {
6     static void Main(string[] args)
7     {
8       var linkedList = new G.LinkedList<string>();
9       var n0 = linkedList.AddFirst("Ries");
10      var n1 = linkedList.AddLast("Lindner");
11      var n2 = linkedList.AddBefore(n0, "Beckmann");
12
13      foreach (var it in linkedList)
14        C.WriteLine("{0}", it);
15
16      var itt = linkedList.GetEnumerator();
17      while (itt.MoveNext())
18        C.WriteLine("{0}", itt.Current);
19
20      var runner = linkedList.First;
21      while (runner != null)
22      {
23        C.WriteLine("{0}", runner.Value);
24        runner = runner.Next;
25      }
26
27      while (linkedList.Count != 0)
28      {
29        C.WriteLine("{0}", linkedList.Last.Value);
30        linkedList.RemoveLast();
31      }
32    }
33  }
```

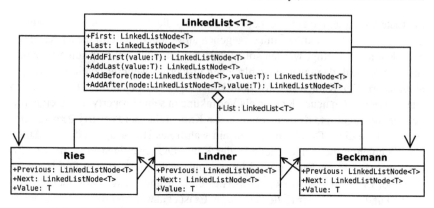

Abb. 10.6: Visualisierung der Funktionsweise einer `LinkedList`

10.3 Enumerables

In Abschnitt 9.5 wurden `foreach`-Schleifen vorgestellt. Die Technik mit der diese Art der Schleifen erst möglich gemacht werden sind `Enumerables`. Hierzu können wir uns leicht überzeugen indem wir uns beide Variante einmal direkt im C#-Sourcecode anschauen und den entsprechenden IL-Code analysieren. Listing 10.10 hält beide Implementierungsmöglichkeiten zum Iterieren einer `ArrayList` bereit. In der Methode `HardWay()` wird ein Enumerator zum Durchlaufen der Schleife verwendet und in der Methode `EasyWay()` das `foreach`-Äquivalent. Die Verwendung von `foreach` wirkt durch weniger Zeilen Sourcecode um ein vielfaches kompakter und eleganter; zumal die Fehlerquellen um einen höheren Faktor minimiert worden sind.

In Listing 10.11 finden Sie den IL-Code der Variante der Methode `HardWay()`. In den Zeilen 7, 15 und 22 finden Sie eine fast Eins-zu-eins-Variante aus unserem C#-Sourcecode in Listing 10.10; die Verwendung Enumerables macht es dem Compiler anscheinend leichter hier eine Umsetzung in IL-Code zu erstellen – aber das sollte nicht Ihr Hauptziel sein. Eine Hochsprache wie C# soll es dem Entwickler einfacher machen und nicht anderen Werkzeugen die „nur" Algorithmen ausführen um Eingabe A nach Form B umzuwandeln.

Das Interessante an vorherigen Listing 10.11 im Vergleich zum Listing 10.12 ist die Tatsache, dass sich beide nicht sehr stark voneinander unterscheiden. Sie finden in beiden Listings die gleichen Aufrufe, obwohl wir bei der Verwendung der `foreach`-Schleife nicht mal etwas von Enumeratoren oder Enumerables wissen müssen. `foreach` ist eine wirklich interessante Alternative zum komplizierten Mechanismus mit `GetEnumerator()`, `MoveNext()` und `Current`. Wenn Sie bei einem Algorithmus nicht unbedingt auf Performance und Speicherver-

Listing 10.10: Enumerable im direkten Vergleich zu foreach-Schleifen

```
1   using System.Collections;
2
3   class Program
4   {
5     static ArrayList enumerable = new ArrayList();
6
7     static void HardWay()
8     {
9       IEnumerator enumerator = enumerable.GetEnumerator();
10      while (enumerator.MoveNext())
11      {
12        var item = enumerator.Current;
13        // Ihre Logik zum Bearbeiten von "item".
14      }
15    }
16
17    static void EasyWay()
18    {
19      foreach (var item in enumerable)
20      {
21        // Ihre Logik zum Bearbeiten von "item".
22      }
23    }
24
25    static void Main()
26    {
27      HardWay();
28      EasyWay();
29    }
30  }
```

brauch achten müssen, dann sollten Sie die foreach-Variante immer bevorzugen; allein schon aus Gründen der höheren Wartbarkeit.

Listing 10.11: IL-Code des Enumerable-Ansatzes

```
1   .method private hidebysig static   void HardWay () cil managed
2   {
3      [..snap..]
4
5      // IEnumerator enumerator = enumerable.GetEnumerator();
6      IL_0001: ldsfld class [mscorlib]System.Collections.ArrayList
           EnumeralsForeach2.Program::enumerable
7      IL_0006: callvirt instance class [mscorlib]System.Collections.IEnumerator [
           mscorlib]System.Collections.ArrayList::GetEnumerator()
8      IL_000b: stloc.0
9
10     IL_000c: br.s IL_0017
11     // loop start (head: IL_0017)
12        IL_000e: nop
13        // object current = enumerator.Current;
14        IL_000f: ldloc.0
15        IL_0010: callvirt instance object [mscorlib]System.Collections.
             IEnumerator::get_Current()
16        IL_0015: stloc.1
17        // (no C# code)
18        IL_0016: nop
19
20        // while (enumerator.MoveNext())
21        IL_0017: ldloc.0
22        IL_0018: callvirt instance bool [mscorlib]System.Collections.IEnumerator
             ::MoveNext()
23        IL_001d: stloc.2
24        // (no C# code)
25        IL_001e: ldloc.2
26        IL_001f: brtrue.s IL_000e
27     // end loop
28
29     IL_0021: ret
30  } // end of method Program::HardWay
```

Listing 10.12: IL-Code des `foreach`-Ansatzes

```
 1   .method private hidebysig static void EasyWay () cil managed
 2   {
 3     [..snap..]
 4
 5     // foreach (object item in enumerable)
 6     IL_0002: ldsfld class [mscorlib]System.Collections.ArrayList
            EnumeralsForeach2.Program::enumerable
 7     IL_0007: callvirt instance class [mscorlib]System.Collections.IEnumerator [
            mscorlib]System.Collections.ArrayList::GetEnumerator()
 8     // (no C# code)
 9     IL_000c: stloc.0
10
11     [..snap..]
12
13     IL_000d: br.s IL_0018
14     // loop start (head: IL_0018)
15       // foreach (object item in enumerable)
16       IL_000f: ldloc.0
17       IL_0010: callvirt instance object [mscorlib]System.Collections.
            IEnumerator::get_Current()
18       // (no C# code)
19       IL_0015: stloc.1
20       IL_0016: nop
21       IL_0017: nop
22
23       // foreach (object item in enumerable)
24       IL_0018: ldloc.0
25       IL_0019: callvirt instance bool [mscorlib]System.Collections.IEnumerator
            ::MoveNext()
26       // (no C# code)
27       IL_001e: brtrue.s IL_000f
28     // end loop
29
30     [..snap..]
31
32     IL_0034: ret
33   } // end of method Program::EasyWay
```

10.3.1 Von einer Klasse, zu einer Collection

C# bietet mit den Interfaces `IEnumerable` und `IEnumerator` eine Möglichkeit jede von Ihnen entwickelte Klasse zu einer Collection umzuschreiben oder zu erweitern. Abbildung 10.7 visualisiert den Architekturgedanken der zu nutzenden Interfaces um aus einer Klasse eine mit `foreach` iterierbare Collection zu erstellen. Hierbei ist es nicht zwingend erforderliche beide Interfaces zu implementieren; was wir in Abschnitt 10.3.2 zeigen werden. Das Interface `IEnumerator` sowie `IEnumerable` gibt es in jeweils zwei Varianten, eine generische und eine nicht generische Variante. Bei der generischen Variante `IEnumerator<T>` wird zudem das Interface `IDisposable` verwendet, welches hauptsächlich dafür gedacht ist intern auf `unmanaged` Ressourcen zuzugreifen. In Listing 10.12 habe ich eine Sache unterschlagen welche hier nun zum Tragen kommt. Die `foreach`-Variante des IL-Code prüft nach Beendigung ob die Collection das Interface `IDisposable` verwendet; wenn ja, dann wird `Dispose()` aufgerufen, ansonsten nicht. Listing 10.13 enthälten den Teil des IL-Code der im Listing 10.12 durch [..snap..] entfernt wurde. In Zeile 12 wird mit `isinst` geprüft ob es sich bei dem Enumerator um eine Implementierung von `IDisposable` handelt und wenn nicht, dann wird in Zeile 15 zu `endfinally` gesprungen, ansonsten wird in Zeile 18 die eigene `Dispose()`-Methode ausgeführt.

Listing 10.13: IL-Code für `IDisposable` des `foreach`-Ansatzes

```
1   .try {
2       IL_000d:  br.s  IL_0018
3       // loop start (head: IL_0018)
4         [..snap..]
5       // end loop
6
7       IL_0020:  leave.s  IL_0034
8   } // end .try
9   finally
10  {
11      IL_0022:  ldloc.0
12      IL_0023:  isinst  [mscorlib]System.IDisposable
13      IL_0028:  stloc.2
14      IL_0029:  ldloc.2
15      IL_002a:  brfalse.s  IL_0033
16
17      IL_002c:  ldloc.2
18      IL_002d:  callvirt  instance  void  [mscorlib]System.IDisposable::Dispose()
19      IL_0032:  nop
20
21      IL_0033:  endfinally
22  } // end handler
```

Eine Klasse in eine Collection umzuwandeln kann interessant sein, wenn Sie z.B. eine intern verwaltete Collection nach außen durchsuchbar oder einfach nur dessen Daten weitergeben wollen. Nehmen wir eine Klasse `Gaesteliste` an die intern eine Liste von Personen enthält. Es werden alle Gästenamen angezeigt und mit einem + die Zusagen und mit einem − die Absagen gekennzeichnet. In der `Main()`-Methode wird in Zeile 58 eine Gästeliste geöffnet und

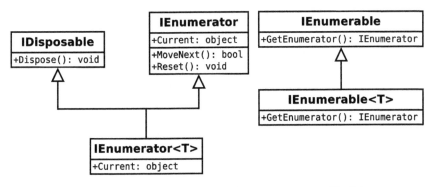

Abb. 10.7: UML: `IEnumerable`- und `IEnumerator`-Beziehungen

in der nachfolgenden Zeile mit `foreach` direkt iteriert. Dies ist möglich da `GuestList` das Interface `IEnumerable` in Zeile 7 implementiert. `foreach` such beim Kompilieren nach der Methode `GetEnumerator()` welche ein Interface vom Typ `IEnumerator` liefert. Hier kann intern eine spezielle Implementierung erfolgen wie dies auch in Zeile 9 geschieht. Im Konstruktor der Klasse `GuestListEnumerator` wird der Inhalt der Gästelistedatei eingelesen und im Feld `_jsonData` vorgehalten; hierbei findet nur ein Parsen und Validieren der JSON-Datei statt. Mit dem Property `IEnumerator.Current` wird immer der aktuell adressierte Gast bereitgestellt; bevor `IEnumerator.Current` einen Gast erhält muss mit der Method `MoveNext()` zum ersten oder zum nächsten Gast iteriert werden. Hierbei sollte es keine Rolle spielen wie viele Gäste wirklich in der Liste stehen, dies sollte die Logik innerhalb von `MoveNext()` abdecken. In unserem kleinen Beispiel behelfen wir uns mit einem einfachen `try-catch`-Ansatz. Wir zählen den Index des Datensatzes um einen Schritt weiter, versuchen die Daten im JSON-Array abzugreifen und wenn dies nicht klappt wird eine Exception geworfen und wir setzen den Wert zurück; im Erfolgsfall erhält `IEnumerator.Current` einen neuen Gast. Wenn `MoveNext()` den Wert `false` liefert, so wird die `foreach`-Schleife beendet, andernfalls wird solange weitergemacht wie `true` zurückgeliefert wird. Der C#-Compiler erstellt keine Aufrufe von `Reset()`, dies muss durch den Entwickler eigenständig zu erforderlichen Zeitpunkten geschehen. In unseren Anwendungsfall setzen wir den Index auf den Anfang zurück und setzen `IEnumerator.Current` auf NULL.

Listing 10.14: Klasse mit `IEnumerable`-/`IEnumerator`-Unterstützung

```
1   using C = System.Console;
2   using System.Collections;
3   using System.IO;
4   using System.Text;
5   using Newtonsoft.Json.Linq;
6
7   public class GuestList : IEnumerable
8   {
9       public class GuestListEnumerator : IEnumerator
10      {
11          private readonly JArray _jsonData;
```

```
12    private object _current;
13    private int _idx;
14
15    public GuestListEnumerator(GuestList ctx)
16    {
17      _idx = -1;
18      var cnt = File.ReadAllText(ctx.Path, Encoding.UTF8);
19      _jsonData = JArray.Parse(cnt);
20    }
21
22    object IEnumerator.Current => _current;
23
24    bool IEnumerator.MoveNext()
25    {
26      try
27      {
28        _current = _jsonData[++_idx];
29      }
30      catch
31      {
32        --_idx;
33        _current = null;
34      }
35
36      return _current != null;
37    }
38
39    void IEnumerator.Reset()
40    {
41      _idx = -1;
42      _current = null;
43    }
44  }
45
46  public string Path { get; set; }
47
48  public IEnumerator GetEnumerator()
49  {
50    return new GuestListEnumerator(this);
51  }
52 }
53
54 class Program
55 {
56   static void Main()
57   {
58     var guestList = new GuestList { Path = @"Gaesteliste.json" };
59     foreach (JObject guest in guestList)
60       C.WriteLine("Guest: {0} {1}",
61          guest["name"], (bool)guest["zusage"] ? "+" : "-");
62     C.ReadLine();
63   }
64 }
```

10.3.2 Minimalaufwand für eine Collection

Nicht immer muss es viel Aufwand sein. In Listing 10.15 zeigt das *Minimalbeispiel A* wie man eine Klasse zu einer Collection umwandeln kann. Hierbei wird das Interface IEnumerable implementiert wobei in der Methode

`GetEnumerator()` einfach auf den vorhandenen Enumerator des Arrays zugegriffen wird.

Listing 10.15: Minimalbeispiel A: Klasse als Collection

```
1  public class Namensliste : IEnumerable
2  {
3    public IEnumerator GetEnumerator()
4      => new[] { "Ries", "Lindner" }.GetEnumerator();
5  }
```

Ähnlich kurz wie das *Minimalbeispiel A* ist die Variante des *Minimalbeispiel B* in Listing 10.16. Hier wird wieder auf den vorhandenen Enumerator eines Arrays verwiesen doch mit dem Schlüsselwort `yield` wird nicht die komplette `foreach`-Schleife durchgearbeitet, sondern nach jedem `yield return` wird zum Aufrufer von `MoveNext()` zurückgekehrt und entsprechend dort das aktuelle adressierte Objekt verarbeitet. Mehr zu `yield` und wie dieses Schlüsselwort funktioniert wird in Abschnitt 10.3.3 vorgestellt.

Listing 10.16: Minimalbeispiel B: Klasse als Collection

```
1  public class Namensliste : IEnumerable {
2    private readonly string[] _names
3      = { "Ries", "Lindner" };
4
5    public IEnumerator GetEnumerator() {
6      foreach (var name in _names)
7        yield return name;
8    }
9  }
```

10.3.3 *yield*

`yield` ist ein kontextuales Schlüsselwort und findet nur in Kombination mit `return` oder `break` Verwendung; also `yield return;` oder `yield break;`. Das Schlüsselwort kann nur in Methoden verwendet werden, welche als Rückgabetyp `IEnumerable<T>` oder `IEnumerator<T>` besitzen. Die erste Variante kann direkt in einer `foreach`-Schleife genutzt werden, mit der zweiten Variante müssen Sie selbst dafür sorgen die Enumeration durchzuführen. Listing 10.17 enthält ein Beispiel für beide Varianten.

Es ist wirklich interessant wie `yield` funktioniert. Die allermeisten Entwickler die ich kenne, die aber dann nicht unbedingt C#-Erfahrung besitzen, würden mit Sicherheit denken das solche `return`-Aufrufe die entsprechenden Methoden verlassen und die nachfolgende Codezeilen nicht mehr ausgeführt werden. Aber der C#-Compiler erstellt bei der Verwendung von `yield` und den entsprechenden Rückgabetypen sehr interessanten IL-Code, diesen schauen wir uns exemplarisch für aktuelle Beispiel an.

Listing 10.17: Zwei Beispiele für die Nutzung von yield: (a) **yield** in Kombination mit dem Rückgabetyp IEnumerable<T> wobei daraufhin direkt mit foreach weitergearbeitet werden kann, und (b) yield in Verbindung mit dem Rückgabetyp IEnumerator<T>.

```
1   using System.Collections.Generic;
2   using C = System.Console;
3
4   public class Testclass
5   {
6     public static IEnumerable <string> GetNames()
7     {
8       yield return "Ries";
9       C.WriteLine("# was Ries");
10
11      yield return "Lindner";
12      C.WriteLine("# was Lindner");
13
14      yield return "Beckmann";
15      C.WriteLine("# was Beckmann");
16    }
17
18    public static IEnumerator<string> GetNames2()
19    {
20      yield return "Ries2";
21      C.WriteLine("# was Ries2");
22
23      yield return "Lindner2";
24      C.WriteLine("# was Lindner2");
25
26      yield return "Beckmann2";
27      C.WriteLine("# was Beckmann2");
28    }
29  }
30
31  class Program
32  {
33    static void Main()
34    {
35      var names = Testclass.GetNames();
36      foreach(var n in names)
37        C.WriteLine("n: {0}", n);
38
39      var it = Testclass.GetNames2();
40      while(it.MoveNext())
41        C.WriteLine("n: {0}", it.Current);
42    }
43  }
```

Die Kurzfassung der Funktionsweise von yield ist wie folgt[2]: *Wenn eine yield return-Anweisung im Iterator erreicht wird, wird ein expression-Ausdruck zurückgegeben, und die aktuelle Position im Code wird beibehalten. Wenn die Iteratorfunktion das nächste Mal aufgerufen wird, wird die Ausführung von dieser Position neu gestartet.* Diese klare Funktionsbeschreibung spiegelt sich in der Ausgabe des Listing 10.17 in Abbildung 10.8 wieder. Die Methode GetNames() liefert eine Referenz auf eine Enumerable zurück und kann in einer foreach-Schleife direkt verwendet werden. Die jeweiligen yield-Verwendungen liefert in der Ausgabe die entsprechenden Ausgaben mit den jeweiligen Personennamen. Bei der nächsten Iteration – intern ein MoveNext()-Aufruf – wird jeweils nach

---

[2] docs.microsoft.com/de-de/dotnet/csharp/language-reference/keywords/yield

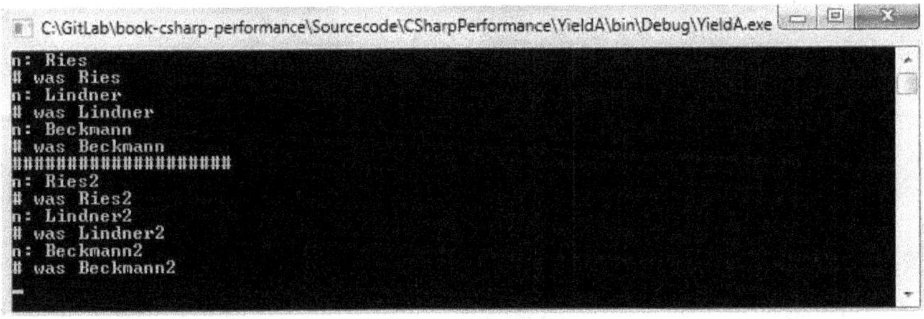

Abb. 10.8: Ausgabe der Applikation aus Listing 10.17

den `yield`-Verwendungen weitergearbeitet; also jeweils in den Zeilen 9, 12 und 15. In der zweiten Variante der Methode `GetNames2()` wird anstatt einer Enumerationsreferenz *nur* ein Enumerator zurückgeliefert. Hierbei kann dann außerhalb nicht direkt mit `foreach` weitergearbeitet werden, allerdings kann trivial in einer anderen Schleifenform mit `MoveNext()` auf den nächsten Wert gewechselt werden und mit `Current` auf den aktuellen Wert zugegriffen werden. Auch in dieser Variante wird in den Zeilen nach den `yield`-Aufrufen weitergearbeitet; also in den Zeilen 21, 24 und 27.

Funktionsweise von `yield`

Um die Funktionsweise von `yield` zu verstehen reicht es an den generierten IL-Code zu studieren. Hier werden Sie erkennen das eine Statusmaschine generiert wird. In Abbildung 10.9 ist der Ablauf bei der Verwendung von `yield` mit `foreach` visualisiert. Beim Start von `foreach` wird – wie bei jedem Enumerable – ein entsprechender Enumerator erfragt. Interessant ist, dass diese Abfrage intern im IL-Code eine Instanz einer Klasse erstellt, wobei die Klasse selbst auf der Implementierung aus Listing 10.17 basiert; also der C#-Sourcecode in eine neue Business-Logik überführt wird.

Die nachfolgenden Erläuterungen beziehen sich auf die Abbildungen 10.9 und 10.10. Der Reihe nach, **(1)** erfragt mit `GetNames()` einen Enumerator, der entsprechend IL-Code ist:

```
IL_0008:  callvirt  instance  class  [mscorlib]System.Collections.Generic.
          IEnumerable'1<string> YieldA.Testclass::GetNames()
```

In `GetNames()` wird eine Instanz **(2)** einer Helferklasse erstellt:

```
IL_0000:  ldc.i4.s  -2
IL_0002:  newobj  instance
          void YieldA.Testclass/'<GetNames>d__0'::.ctor(int32)
```

Innerhalb dieses Konstruktors wird eine `_state`-Variable auf den Zahlenwert −2 (vorherige Zeile *IL_0000*) der dem Konstruktor übergeben wurde. Die Variable `_state` wird nicht entscheidend für die Ausführung sein.

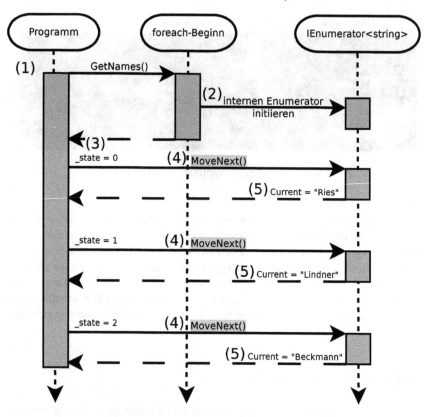

Abb. 10.9: Ausgabe der Applikation aus Listing 10.17

```
IL_0008: ldarg.1 // greift auf den uebergebenen Zahlenwert -2 zu
IL_0009: stfld int32 YieldA.Testclass/'<GetNames>d__0'::'<>1__state'
```

Im IL-Code der main-Funktion, also unsere Hauptanwendung in Listing 10.17, wird von der foreach-Schleife der Enumerator **(3)** des Enumerables von Get Names() erfragt.

```
IL_0010: callvirt instance class [mscorlib]System.Collections.Generic.
    IEnumerator'1<!0> class [mscorlib]System.Collections.Generic.IEnumerable
    '1<string>::GetEnumerator()
```

Der Aufruf von GetEnumerator() setzt die bekannte Variable _state auf den Zahlenwert 0:

```
IL_0018: ldc.i4.0
IL_0019: stfld int32 YieldA.Testclass/'<GetNames>d__0'::'<>1__state'
```

Dann beginnt die eigentliche Schleife und es werden nacheinander die drei yield-Aufrufe im IL-Code abgebildet. Die Schleife selbst wird in dem nachfolgenden IL-Code umgesetzt. Der Code springt mit der Instruktion IL_0016 direkt einmal über den gesamten Schleifeninhalt nach Instruktion IL_002b. Dort wird

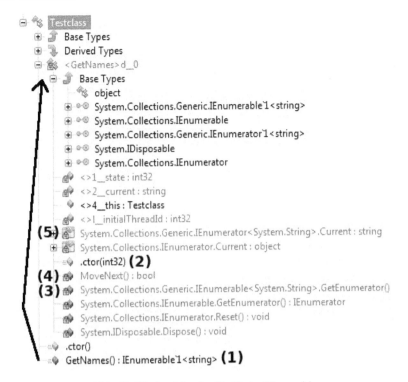

Abb. 10.10: Ansicht der IL-Code-Hierarchie

dann der erste **(4)** `MoveNext ()`-Aufruf durchgeführt denn dann die Enumerator-Eigenschaft `Current` auf den entsprechenden ersten Wert setzt; hier ist das „Ries". Danach wird mit der Instruktion `IL_0031` zurück an den eigentlichen Schleifendurchlaufbeginn mit Instruktion `IL_0018` zurückgesprungen. Daraufhin wird der aktuelle Wert mit **(5)** `Current` geholt und ausgegeben, die Schleife wiederholt sich dann bis `MoveNext()` den Wert `false` liefert und dann mit dem IL-Code `brtrue` die Schleife verlassen wird, da der letzte Wert auf dem Stack `true` sein müsste um die Schleife weiter zu durchlaufen.

```
IL_0016:  br.s IL_002b
 // loop start (head: IL_002b)
   // foreach (string item in names)
   IL_0018:  ldloc.2
   IL_0019:  callvirt instance !0 class [mscorlib]System.Collections.Generic.
      IEnumerator'1<string >:: get_Current()
   [..snap..]
   // foreach (string item in names)
   IL_002b:  ldloc.2
   IL_002c:  callvirt instance bool [mscorlib]System.Collections.IEnumerator
      :: MoveNext()
   // (no C# code)
   IL_0031:  brtrue.s IL_0018
 // end loop
 IL_0033:  leave.s IL_0040
```

Mit dem Aufruf von `MoveNext()` wird die erwähnte `_state`-Variante aktualisiert. Am Anfang steht der Wert auf 0, bei einem nachfolgenden `MoveNext()` auf 1, dann auf 2 und zum Schluss auf 3. Diese jeweiligen Werte dienen der Adressierung innerhalb einer `IL-switch-case`-Anweisung:

```
IL_0008 : switch (IL_001f, IL_0021, IL_0023, IL_0025)
IL_001f : br.s IL_0029
IL_0021 : br.s IL_0045
IL_0023 : br.s IL_006b
IL_0025 : br.s IL_0091
// return false;
IL_0027 : ldc.i4.0
// (no C# code)
IL_0028 : ret
```

Der Wert 0 für `_state` zum Beginn springt hiermit zu der Instruktion `IL_001f`, von dort dann zur Instruktion `IL_0029`. Dort angekommen steht der IL-Code der den ersten Wert unseres ersten `yield`-Aufrufen in `Current` einträgt. Daraufhin wird `_state` auf den nächsten Statuswert gesetzt; hier 2 und so weiter, dies wiederholt sich bis alle Werte durchgereicht wurden und sich die Schleife beendet.

```
[..snap..]
// <>2__current = "Ries";
IL_0031 : ldarg.0
IL_0032 : ldstr "Ries"
IL_0037 : stfld string YieldA.Testclass/'<GetNames>d__0'::'<>2__current'
// <>1__state = 1;
IL_003c : ldarg.0
IL_003d : ldc.i4.1
IL_003e : stfld int32 YieldA.Testclass/'<GetNames>d__0'::'<>1__state'
// return true;
IL_0043 : ldc.i4.1
```

Kapitel 11
Polymorphie im Detail

Programmieren ist wie Küssen:
Man kann darüber reden, man kann es beschreiben,
aber man weiß erst was es bedeutet, wenn man es getan hat.

Andrée Beaulieu-Green

In der C#-Polymorphie geht es darum, dass sich eine entsprechende Klassenausprägung nach der Instanziierung auch so verhält wie es von dem verwendeten Datentyp erwartet wird. In den Listings 7.8 und 7.9 wurden die Verwendung des Schlüsselwortes `virtual` und `override` veranschaulicht; durch die sich eine down-gecastete Klasseninstanz auch richtig verhält und keine Typinformationen verloren gehen. In diesem Abschnitt wird eine allgemein genutzte Technik heutiger Compiler vorgestellt mit der die moderne Polymorphie in der Regel unterstützt wird; die sogenannte *Tabelle virtueller Methoden* (engl. *virtual method table* oder *virtual function tables*, kurz *vtbl* oder *vtable*).

Beim Aufruf von virtuellen Methoden wird während der Laufzeit entschieden von welchem Typ diese Methode aufgerufen werden soll. Nicht virtuelle Methoden werden direkt während der Kompilierung ermittelt.[24]

Im nachfolgenden beziehen wir uns auf die Datumanzeige aus Listing 7.9 im Abschnitt 7.4. In Listing 11.1 finden Sie den für dieses Kapitel interessanten Teil einmal in Kurzfassung. Es sind zwei Klassen vorhanden: (a) `Date` und (b) `DateDE`. Wobei (b) die Klasse (a) spezialisiert, in der Basis befinden sich zwei virtuelle Methoden die in `DateDE` überschrieben werden. In der `main`-Funktion wird eine Instanz von `DateDE` erstellt. Beim Aufruf von `Typeinfo` in Zeile 18 findet ein Downcast statt. Mit der Ausgabe in Zeile 24 wird trotzdem der korrekte Name des Klassentypen ausgegeben; also `DateDE`. Auch der Aufruf in Zeile 19 in der ein direkter Downcast durchgeführt wird und daraufhin die `Display`-Methode startet, führt am Ende die erwünschte Implementierung in Zeile 10 aus. Um dies nachvollziehen zu können müssen wir uns dem IL-Code dieser Applikation zuwenden (s. Abschn. 11.1).

Listing 11.1: Relevanter Teil zur Beschreibung von Polymorphie im Detail

```
1  public abstract class Date
2  {
3      public virtual string Name() => "-";
4      public virtual void Display() { /* ... */ }
```

```
 5   }
 6
 7   public class DateDE : Date
 8   {
 9     public override string Name() => "de";
10     public override void Display() { /* ... */ }
11   }
12
13   class Program
14   {
15     static void Main()
16     {
17       var dateDe = new DateDE();
18       Typeinfo(dateDe);
19       ((Date)dateDe).Display()
20     }
21
22     static void Typeinfo(Date instance)
23     {
24       C.WriteLine("Type: {0}", instance.GetType().Name);
25     }
26   }
```

11.1 IL-Code

Um zu verstehen wie Polymorphie wirklich funktioniert müssen wir uns den IL-Code (s. Kapitel 4) der Übersetzung anschauen. Mit dem Werkzeug **ILSpy**[1] – welches direkt als Erweiterung für VisualStudio zur Verfügung steht[2] – ist das mit ein paar wenigen Mausklicks möglich. Nach der Installation von ILSpy können Sie in VisualStudio im Kontextmenü eines Projekts direkt das Ergebnis der Kompilierung in ILSpy öffnen lassen. Abbildung 11.1 beinhaltet eine Ansicht von ILSpy der Anwendung aus Listing 11.1. Links sehen Sie eine Baumansicht der erstellten Assembly inkl. der Hierarchie der von den vorhandenen Datentypen und Methoden. Im rechten Bereich finden Sie den eigentlichen IL-Code der Assembly. Die Zeile IL_000f im IL-Code ist der Aufruf aus unserem Listing. Interessant ist hierbei das Schlüsselwort callvirt[3][25]; mit diesem wird die Polymorphie für die C#-Runtime eingeleitet. Im Gegensatz dazu der Aufruf aus Zeile IL_0008; hier wird call[4] verwendet. Dieser Unterschied verrät uns sofort das Typeinfo keine virtuelle Methode ist und keine Polymorphie unterstützt.

Die Common Language Runtime (CLR) erkennt an callvirt dass der Datentyp – hier DateDE – eine virtuelle Methode überschreibt oder anbietet. Man könnte annehmen, das, dass Ergebnis des Downcast von DateDE nach Date im

---

[1] github.com/icsharpcode/ILSpy

[2] github.com/icsharpcode/ILSpy/releases

[3] The *callvirt* instruction calls a late-bound method on an object. That is, the method is chosen based on the exact type of obj rather than the compile-time class visible in the method metadata token. [25]

[4] The call instruction calls the method indicated by the descriptor method [..] [25]

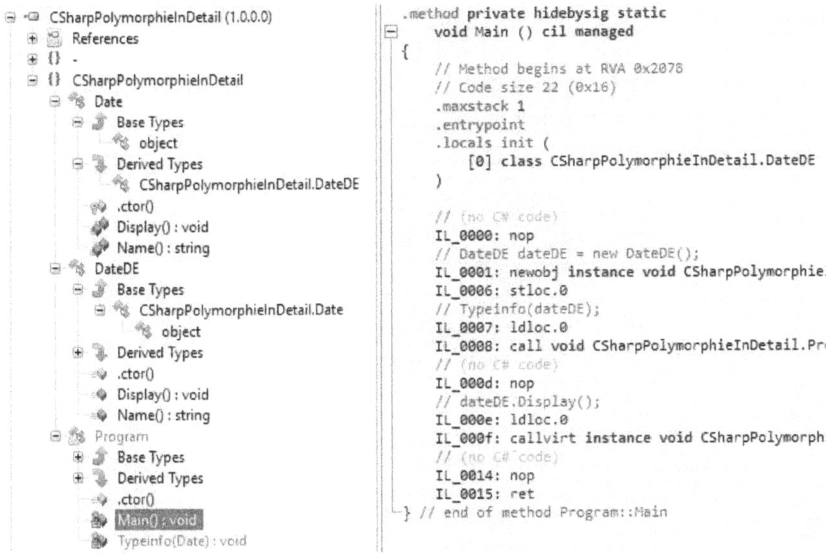

Abb. 11.1: IL-Code der Applikation aus Listing 11.1

Aufruf von `callvirt` zu sehen ist, dies ist ein Trugschluss. Beim Kompilierungsprozess wird in jedem Fall der Aufruf der Basisklasse verwendet, da durch die Polymorphie immer die höchste Implementierung ermittelt wird. Anstatt die `Display`-Methode von `DateDE` wird `Date::Display()` verwendet.

11.1.1 Ermittlung der richtigen Methode

Die CLR ermittelt während der Laufzeit den Datentyp eines Objekts. Dies kann mit `GetType()` nachvollzogen werden. Das Ergebnis von `((Date) dateDe)` `.GetType().Name` ist `DateDE`. Die CLR arbeitet allerdings mit dem Ergebnis von `GetType()` und schaut sich die Typhierarchie an. An Abbildung 11.2 soll dieser Ansatz veranschaulicht werden. Unsere bekannten Klassendatentypen `Date` und `DateDE` besitzen jeweils Unteräste in der Hierarchie mit denen man die Basisklassen und auch Spezialisierungen ermitteln kann (in Abb. 11.2, Kasten (1) und (2)). Zu Ermittlung der Basisklassen eines Klassentyps steht `Base Types` zur Verfügung, für die Ermittlung von Spezialisierung kann `Derived Types` genutzt werden. Wie im vorherigen Abschnitt 11.1 gesehen, wird im IL-Code der Basistyp zum Aufruf einer Methode verwendet. Daraufhin hangelt sich die CLR über die Hierarchie immer weiter nach oben in der Spezialisierungskette. Sobald beim Durchwandern der Hierarchie ein Typ erreicht wird der mit `GetType()` der Instanz übereinstimmt wird angehalten und dessen entsprechende Methode aufgerufen. Sollte in diesem Fall die Methode nicht vorhanden sein, so wird wieder zurück gesprungen in der Hierarchie und dort die entsprechende Methode aufgerufen; dies wird dann so oft wiederholt bis eine entsprechende Methode gefunden wurde. Dies kann auch bedeuten das man einmal komplett alle Hierarchiestufen hochwandert und dann wieder zurück, da es keine Spezialisierung der Methode gibt.

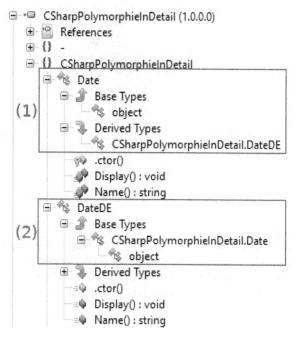

Abb. 11.2: Auflösung einer virtuellen Methode

11.1.2 `callvirt` auch ohne Polymorphie

Wenn Sie eventuell ein wenig mit ILSpy herumgespielt haben, dann ist Ihnen womöglich aufgefallen das `callvirt` auch oft verwendet wird, wenn entsprechende Methoden gar nicht virtuell sind. Listing 11.2 enthält einen solchen Aufruf. `GetType()` wird im IL-Code mit `callvirt` aufgerufen (in Abb. 11.3). Der .NET Framework-Sourcecode sieht aber keine virtuelle Methode vor: `public extern Type GetType()`[5]. Hier liegt kein Fehler vor. Dies wird allein aus sicherheitsrelevanten Wünschen herausgemacht. Die CLI-Spezifikation [25] sieht für `callvirt` eine Prüfung auf `Null` vor und wirft eine entsprechende Excep-

---

[5] referencesource.microsoft.com/#mscorlib/system/object.cs

tion `System.NullReferenceException` wenn das Objekt für das die Methode aufgerufen werden soll nicht gültig ist. Der einfache `call`-Aufruf besitzt keine solche Prüfung. In jedem Fall ist `call` performanter, da direkte Aufrufe von Methoden durchgeführt werden und keine entsprechende Hierarchien durchwandert werden müssen.

Listing 11.2: <code>callvirt</code> kein Garant für Polymorphie

```
1   static void Typeinfo(Date instance)
2   {
3       instance.GetType();
4   }
```

```
.method private hidebysig static
    void Typeinfo (
        class CSharpPolymorphieInDetail.Date 'instance'
    ) cil managed
{
    // Method begins at RVA 0x20a8
    // Code size 9 (0x9)
    .maxstack 8

    // (no C# code)
    IL_0000: nop
    // instance.GetType();
    IL_0001: ldarg.0
    IL_0002: callvirt instance class [mscorlib]System.Type [mscorlib]System.Object::GetType()
    IL_0007: pop
    // (no C# code)
    IL_0008: ret
} // end of method Program::Typeinfo
```

Abb. 11.3: <code>callvirt</code> kein Garant für Polymorphie

Kapitel 12
Asynchrone Methoden mit Async und Await

Was du heute kannst parallelisieren...

Dr.C.B.Ries

Wenn Sie Aufgaben zu erledigen haben die auch mal länger dauern können, z.B. das Einlesen von Daten über das Netzwerk oder die Berechnung von bestimmten Datensätzen, dann bietet es sich an diese Aufgaben in einem gesonderten `Task` ausführen. Ab C# 5.0 existiert die Möglichkeit mit dem `async/await`-Pattern dieses vereinfacht umzusetzen. In Listing 9.14 haben wir hierzu auch schon eine mögliche Verwendungsart kennengelernt. Ähnlich wie bei der Verwendung von `yield` handelt es sich bei `async/await` nicht um eine Anweisung die direkt in IL-Code kompiliert wird, sondern um eine Abstraktion eines komplexeren Zusammenhangs; hier wird im Zwischenschritt wieder eine Form von Statusmaschine generiert. Bei dieser Statusmaschine handelt es sich dann um allgemeinen C#-Sourcecode der wiederrum direkt in nativen ausführbaren Maschinencode durch den JIT-Compiler übersetzt und ausgeführt wird.

12.1 Möglichkeiten der Verwendung

Ein Minimalbeispiel für die Verwendung von `async/await` ist in Listing 12.1 enthalten. In der Klasse `Testclass` ist eine Methode `WaitForStart()` implementiert die nach unserem bekannten Testmuster einfach fünf Sekunden bis zur Fortsetzung der Ausführung warten soll. Zur Verifikation das wirklich diese Zeit zum Warten genutzt wird, haben wir vor dem Warten eine `Stopwatch` erstellt welche wir vor dem `Sleep()` starten und danach stoppen. Die Gesamtzeit seit Start der `Stopwatch` wird ausgegeben; es sind etwas mehr als fünf Sekunden. In der `Main()`-Methode wird diese Klasse instanziiert und die entsprechende Methode aufgerufen. Als Beispiel, das hier wirklich auf die Beendigung des Schlafaufrufs gewartet wird, wird in der `for`-Schleife alle 500 Millisekunden eine Statusmeldung ausgegeben, so dass 10 Meldungen vor dem Beenden des Schlafzustands ausgegeben werden. Abbildung 12.1 enthält die entsprechenden Konsolenausgaben.

Listing 12.1: Minimalbeispiel zur Verwendung des `async/await`-Pattern

```
1   using System.Threading.Tasks;
2   using C = System.Console;
3
4   public class Testclass
5   {
6     public async void WaitForStart()
7     {
8       var sw = new Stopwatch(); sw.Start();
9       C.WriteLine("...vor dem Warten...  {0}", sw.Elapsed);
10      await Task.Run(() => System.Threading.Thread.Sleep(5 * 1000));
11      C.WriteLine("...nach dem Warten...  {0}", sw.Elapsed);
12    }
13  }
14
15  class Program
16  {
17    static void Main()
18    {
19      var waitFor = new Testclass();
20      waitFor.WaitForStart();
21      for (int i = 0; i < 10; ++i)
22      {
23        C.WriteLine("{0,2} Warte auf Fortsetung...", i+1);
24        System.Threading.Thread.Sleep(500);
25      }
26      C.ReadLine();
27    }
28  }
```

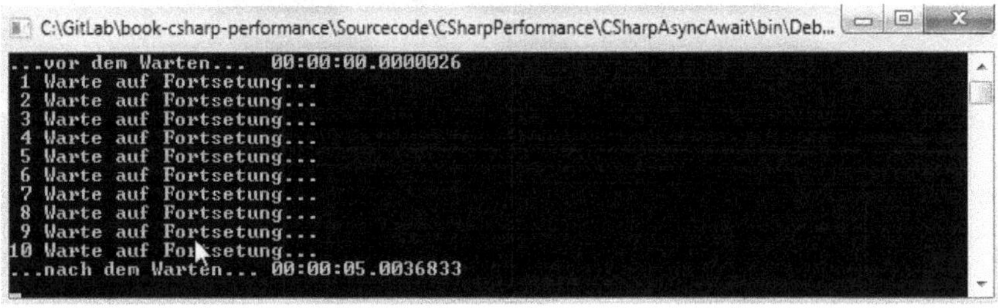

Abb. 12.1: Ausführung der Applikation aus Listing 12.1

12.2 IL-Code

Zur Verdeutlichung was der C#-Compiler aus unseren `async/await`-Aufrufen macht werden wir unser bekanntes Minimalbeispiel aus Listing 12.1 noch weiter schrumpfen lassen. Listing 12.2 enthält nichts weiter als den simplen Aufruf einer Methode dieses `async/await`-Pattern. Wir rufen in `Main()` die Methode `DoSomeJobs()` auf. Diese wiederrum erstellt zwei Tasks und führt diese aus, wobei diese jeweils 500 Millisekunden vor der weiteren Ausführung des nachfolgenden Sourcecode pausieren sollen. Um den Verlauf im IL-Code einfacher verfolgen zu können wurden entsprechende Konsolenausgaben hinzugefügt.

Listing 12.2: Beispiel zur Verdeutlichung des generierten IL-Code

```
 1  using System.Threading.Tasks;
 2  using C = System.Console;
 3
 4  class Program
 5  {
 6    private static async void DoSomeJobs()
 7    {
 8      C.WriteLine("#0");
 9      await Task.Run(() => System.Threading.Thread.Sleep(500));
10      C.WriteLine("#1");
11      await Task.Run(() => System.Threading.Thread.Sleep(500));
12      C.WriteLine("#2");
13    }
14
15    static void Main()
16    {
17      DoSomeJobs();
18    }
19  }
```

Abbildung 12.2a zeigt einmal die Methode `DoSomeJobs()` im unteren Teil des Baums und im Rechteck eingefasst wird die generierte Statusmaschine `<DoSome Jobs>d_0` hervorgehoben. Diese Statusmaschine implementiert wie Abbildung 12.2b zeigt das Interface `IAsyncStatusMachine`. Der Aufruf von Do

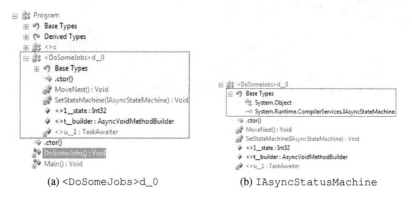

(a) `<DoSomeJobs>d_0`   (b) `IAsyncStatusMachine`

Abb. 12.2: (a) hebt das Helferobjekt `<DoSomeJobs>d_0` zur Umsetzung des `await/async`-Pattern, (b) hebt `<DoSomeJobs>d_0` als Implementierung des Interface `IAsyncStatusMachine` hervor

`SomeJobs()` erstellt eine Instanz von `<DoSomeJobs>d_0` und initialisiert diese, wie bei `yield` wird intern eine Statuseigenschaft `state` verwendet. Dieser Status wird mit −1 initialisiert. Siehe nachfolgenden vom C#-Compiler erstellten Sourcecode:

```
[AsyncStateMachine(typeof(<DoSomeJobs>d__0)), DebuggerStepThrough]
private static void DoSomeJobs()
{
  <DoSomeJobs>d__0 stateMachine = new <DoSomeJobs>d__0 {
    <>t__builder = AsyncVoidMethodBuilder.Create(),
    <>1__state = -1
  };
  stateMachine.<>t__builder.Start <<DoSomeJobs>d__0>(ref stateMachine);
}
```

AsyncVoidMethodBuilder sollte nicht in eigenen Implementierungen verwendet wird, hiervon wird im .NET Framework-Sourcecode abgeraten:

```
namespace System.Runtime.CompilerServices {
  /// <summary>
  /// Provides a builder for asynchronous methods that return void.
  /// This type is intended for compiler use only.
  /// </summary>
  public struct AsyncVoidMethodBuilder : IAsyncMethodBuilder {
  [..snap..]
```

Allerdings ist AsyncVoidMethodBuilder elementar für die Ausführung von
der Statusmaschine, denn diese Instanz ist dafür verantwortlich das die entsprechenden Aufrufe zum Schlafen (s. Listing 12.2, Zeilen 9 und 11) nacheinander
aufgerufen werden. Mit Start«DoSomeJobs>d__0>(ref stateMachine)
wird die Statusmaschine angeworfen und intern das erste Mal MoveNext() aufgerufen:

```
[SecuritySafeCritical, DebuggerStepThrough, __DynamicallyInvokable]
public void Start<TStateMachine>(ref TStateMachine stateMachine)
    where TStateMachine : IAsyncStateMachine
{
  [..snap..]
  try
  {
    [..snap..]
    stateMachine.MoveNext();
  }
  finally
  {
    /* [..snap..] */
  }
}
```

Mit diesem ersten MoveNext() wechseln wir in die eigentliche Statusmaschine.
Listing 12.3 beinhaltet den IL-Code von MoveNext() allerdings zurück in C#
konvertiert, dies erleichtert uns das analysieren. Wie oben erwähnt besitzt state
noch immer den Wert −1, somit landen wir direkt im else-Zweig in Zeile 22.
Hier sehen wir die erste Ausgabe aus unserer Implementierung und es wird #0
in der Konsole ausgegeben. Mit Task.Run().GetAwaiter() wird ein sogenanntes Awaiter-Objekt zurückgeliefert. Dieses wird für das Warten auf die
Beendigung eines Task verwendet. Im if-Zweig wird geprüft ob der entsprechende Task schon beendet wurde, wenn nicht, dann wird state auf Null gesetzt
und mit AwaitUnsafeOnCompleted das Warten auf das Beenden des Task
eingerichtet. Das Awaiter-Objekt muss das Interface INotifyCompletion
implementieren, so dass eine Fertigstellung in einer entsprechenden Meldung bekannt gemacht wird. Wenn dies geschieht dann wird von awaiter mit der Un-

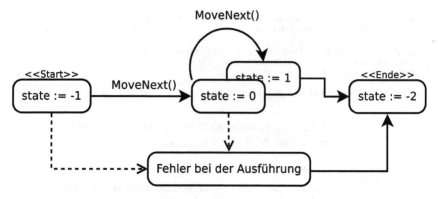

Abb. 12.3: Visualisierung der state-Transitionen aus Listing 12.3

terstützung von d__ das auf this gesetzt wurde (also auf die Instanz von der
Statusmaschine) der nächste MoveNext() aufgerufen. Wir befinden uns nun
in Schritt zwei von drei in Zeile 9. Hier wird der zuvor genutzte awaiter zu-
rückgesetzt. Dann springen wir weiter in Zeile 37 und erfragen ein evtl. erstelltes
Ergebnis aus dem zuvor ausgeführten await-Programmteil. Daraufhin folgt die
zweite Ausgabe #1 in der Konsole, gefolgt von einem ähnlichen Konstrukt welches wir soeben einmal durchgearbeitet haben. Nach der Bearbeitung ist state
auf Eins gesetzt und wir kommen in Zeile 15 an. Hier passiert nicht mehr viel und
wir springen mit dem goto in Zeile 54. Es folgt die dritte Ausgabe #3 in der
Konsole und dem Setzen von state auf −2; dies ist immer der Wert nach dem
Beenden solch einer Statusmaschine. Abbildung 12.3 veranschaulicht die Wertän-
derung von state im Verlauf der Abarbeitung dieser Statusmaschine.

Listing 12.3: Vereinfachte Ansicht von MoveNext() der Statusmaschinenimple-
mentierung von IAsyncStatusMachine

```
1   private void MoveNext()
2   {
3     int num = this.<> 1__state;
4     try
5     {
6       TaskAwaiter awaiter;
7       Program.<DoSomeJobs>d__0 d__;
8       TaskAwaiter awaiter2;
9       if (num == 0)
10      {
11        awaiter = this.<>u__1;
12        this.<>u__1 = new TaskAwaiter();
13        this.<>1__state = num = −1;
14      }
15      else if (num == 1)
16      {
17        awaiter2 = this.<>u__1;
18        this.<>u__1 = new TaskAwaiter();
19        this.<>1__state = num = −1;
20        goto TR_0005;
21      }
22      else
23      {
```

```
24        Console.WriteLine("#0");
25        awaiter = Task.Run(Program.<>c.<> 9__0_0 ?? (Program.<>c.<>9__0_0
26          = new Action(this.<DoSomeJobs>b__0_0))).GetAwaiter();
27        if (!awaiter.IsCompleted)
28        {
29            this.<>1__state = num = 0;
30            this.<>u__1 = awaiter;
31            d__ = this;
32            this.<>t__builder.AwaitUnsafeOnCompleted<TaskAwaiter,
33                Program.<DoSomeJobs>d__0>(ref awaiter, ref d__);
34            return;
35        }
36      }
37      awaiter.GetResult();
38      Console.WriteLine("#1");
39      awaiter2 = Task.Run(Program.<>c.<>9__0_1 ?? (Program.<>c.<> 9__0_1
40          = new Action(this.<DoSomeJobs>b__0_1))).GetAwaiter();
41      if (awaiter2.IsCompleted)
42      {
43          goto TR_0005;
44      }
45      else
46      {
47          this.<>1__state = num = 1;
48          this.<>u__1 = awaiter2;
49          d__ = this;
50          this.<>t__builder.AwaitUnsafeOnCompleted<TaskAwaiter,
51              Program.<DoSomeJobs>d__0>(ref awaiter2, ref d__);
52      }
53      return;
54      TR_0005:
55      awaiter2.GetResult();
56      Console.WriteLine("#2");
57      this.<>1__state = -2;
58      this.<>t__builder.SetResult();
59    }
60    catch (Exception exception)
61    {
62        this.<>1__state = -2;
63        this.<>t__builder.SetException(exception);
64    }
65  }
```

Kapselung der Business-Logik

Die von uns in den `await`-Aufrufen auszuführenden Instruktionen werden in ein Objekt durch den C#-Compiler transformiert und entsprechend gekapselt. Abbildung 12.4 zeigt den Typen `<>c` welcher zwei Aktionen

1. `<>9__0_`,
2. `<>9__1_`

und zwei Methoden

1. `<DoSomeJobs>b__0_0()`
2. `<DoSomeJobs>b__0_1()`

enthält. Diese Aktionen und Methoden sind uns schon bekannt, denn dies sind die

Abb. 12.4: Kapselung der `await`-Methoden im Typ `<>c`

jeweiligen Aktionen und Methoden die den entsprechenden Tasks aus Listing 12.3 in den Zeilen 26 und 40 als Aufrufparameter übergeben wurden.

Kapitel 13
Exceptions

Il y a quelque chose à dire en faveur de l'exception, pourvu qu'elle ne veuille jamais devenir la règle.

Friedrich Nietzsche

Unerwartete Ausnahmebehandlungen werden durch *Exceptions* abgehandelt. Nicht alles kann vollumfänglich geprüft werden und entsprechend weiterverarbeitet werden. Falls man Daten aus einer Datei einliest oder über einen Netzwerkkanal empfängt, aber dann die Datei urplötzlich von der Festplatte verschwindet oder das Netzwerk wegen einem Stromausfall ausfällt, wird in der Regel von entsprechenden Systembibliotheken oder Funktionen eine *Exception* getriggert; man sagt auch „Exception werfen" dazu. Listing 13.1 enthält eine vollumfängliche Applikation die nichts weiter tut als eine *Exception* innerhalb einer Methode zu werfen welche dann außerhalb dieser Methode abgefangen wird. Der *Extension*-Objekt kann eine Spezialisierung von System.Exception sein und individuell umgesetzt werden. In der ersten Zeile haben wir mit OtherException genau dies einmal umgesetzt. Und die entsprechende *Exception* wird In Zeile 11 geworfen. Diese *Exception* wird mit einem try-catch-Konstrukt abgefangen und der entsprechende Typ der *Exception* durch die catch-Anweisungen überprüft. Wenn es einen catch-Aufruf mit passenden Typen gibt, so wird nur dieser Zweig durchlaufen. Zeile 33 greift entsprechende, der andere catch-Zweig wird ignoriert. Hierbei kann jede Spezialisierung von System.Exception innerhalb eines catch-Aufruf stehen; wichtig ist allerdings, dass man die Prüfungen in der Hierarchiereihenfolge der Spezialisierungen durchführt.

Ein finally-Zweig ist optional und wird – wenn er implementiert ist – in jedem Fall nach Verlassen eines try- oder catch-Zweigs durchlaufen.

Listing 13.1: Verwendung von throw und try-catch

```
1   public class OtherException : Exception { }
2
3   class Program
4   {
5     static void CallException()
6     {
7       throw new System.Exception("Oh...");
8     }
9     static void CallOtherException()
10    {
```

```
11      throw  new  OtherException ();
12      }
13
14    static  void  Main ()
15    {
16      try
17      {
18        CallException ();
19      }
20      catch  (System . Exception  ex)
21      {
22        var  msg  =  ex . Message ;
23      }
24      finally
25      {
26        // nichts  zu  tun
27      }
28
29      try
30      {
31        CallOtherException ();
32      }
33      catch  (OtherException  ex)
34      {
35        // dieser  Teil  wird  durchlaufen
36      }
37      catch  (System . Exception  ex)
38      {
39        // wird  ignoriert
40      }
41      finally
42      {
43        // nichts  zu  tun
44      }
45    }
46  }
```

Der IL-Code für `try-catch`-Blöcke ist unspektakulär da dieser fast eine Eins-zu-eins-Abbildung darstellt. Wichtig zu wissen ist, dass der IL-Code für einen `try-catch`-Block hier *Protected-Blocks*[1] verwendet die mit `.try` eingeleitet werden. `catch`-Blöcke werden in der IL als *Handler-Blocks* bezeichnet und werden mit `catch` eingeleitet. Für den ersten `try-catch`-Block aus dem Listing 13.1 in den Zeilen 16 bis 27 sieht der IL-Code wie in Listing 13.2 aus (hier als *Release-Build-Version*).

Listing 13.2: IL-Code-Variante für einen Teilbereich aus Listing 13.1

```
1   . method  private  hidebysig  static  void  Main ()  cil  managed
2   {
3     . maxstack  1
4     . entrypoint
5
6     . try
7     {
8       . try
9       {
10        IL_0000 :  call  void  CSharpTryCatch . Program :: CallException ()
11        IL_0005 :  leave . s  IL_001a
12      } // end  . try
13      catch  [ mscorlib ] System . Exception
14      {
```

___
[1] Ein weiteres Synonym ist: *Guarded-Block*

```
15        IL_0007 : callvirt instance string [mscorlib]System.Exception::
                  get_Message()
16        IL_000c : pop
17        IL_000d : leave.s IL_001a
18        } // end handler
19      } // end .try
20      finally
21      {
22        IL_000f : ldstr "Finally!"
23        IL_0014 : call void [mscorlib]System.Console::WriteLine(string)
24        IL_0019 : endfinally
25      } // end handler
26
27      IL_001a : ret
28    } // end of method Program::Main
```

Die grundsätzliche Verhaltensweise ist analog zum C#-Ansatz und verhält sich grundlegend gleich. Der try-Block wird durchlaufen und wenn in einer dort aufgerufenen Methode oder auch direkt eine Exception geworfen wird, so wird in einen catch-Block gesprungen. Hierbei kann der Typ der Exception als Bedingung herangezogen werden (s. Zeile 13), so dass der catch-Block zur Behandlung verwendet wird der zur Exception passt. Ebenso können Filter verwendet werden mit dem dann der Exception-Typ und eine zusätzliche Bedingung festgelegt werden kann. Der C#-Code könnte so aussehen:

```
catch (Exception ex) when (ex.Message.Length != 0)
```

Im IL-Code wird stattdessen das Schlüsselwort filter verwendet und innerhalb dieses Abschnitts wird dann eine Business-Logik verwendet die daraufhin den Exception-Typ prüft und die Bedingung validiert. Listing 13.3 enthält die Kurzform solch eines IL-Code. Mit isinst wird der Exception-Typ geprüft und die nachfolgenden Zeilen setzen die Bedingung um. Der Kommentar vor IL_0025 wird im Normalfall durch Ihre Exception-Behandlung gefüllt. Mit endfilter wird der Handler verlassen und der finally-Block durchlaufen.

Listing 13.3: IL-Code-Variante für filter

```
1    .try {
2      .try {
3        [..snip..]
4      } // end .try
5      filter
6      {
7        IL_0007 : isinst [mscorlib]System.Exception
8        IL_000c : dup
9        IL_000d : brtrue.s IL_0013
10
11        IL_000f : pop
12        IL_0010 : ldc.i4.0
13        IL_0011 : br.s IL_0025
14
15        IL_0013 : stloc.0
16        IL_0014 : ldloc.0
17        IL_0015 : callvirt instance string [mscorlib]System.Exception::
                   get_Message()
18        IL_001a : callvirt instance int32 [mscorlib]System.String::get_Length()
19        IL_001f : ldc.i4.0
20        IL_0020 : cgt.un
21        IL_0022 : ldc.i4.0
22        IL_0023 : cgt.un
```

```
23
24          // Ihr Code im Exception-Handler!
25
26          IL_0025: endfilter
27      } // end filter
28      catch
29      {
30          [..snip..]
31      } // end handler
32  } // end .try
```

Teil III
Speicherverbrauch und Performance

Kapitel 14
Garbage Collector

If [C#] had true garbage collection,
most programs would delete themselves upon execution.

(modifizierte Variante) Robert Sewell

C/C++-Softwareentwickler können ein Lied davon singen, das der Aufwand für das Bereitstellen und Verwalten von dynamischen Speicher mitunter zu kleineren bis größeren Schwierigkeiten führen kann; allerdings sind auch andere Programmiersprachen vor dieser Herausforderung nicht befreit. Mitunter kann es zu gravierenden Systemabstürzen kommen oder zu sehr kritischen Sicherheitslücken, welche z.b. durch *Buffer Overflows* aufgetreten sind, früher sind diese Probleme häufiger aufgetreten, es fühlt sich so an als würden die Entwickler mehr sensibilisiert sein. Jedem interessierten Leser kann ich nur wärmstens die Ausarbeitung „Smashing The Stack For Fun And Profit" ans Herz legen[1], nachvollziehbar und sehr erklärend wird dem Leser das Prinzip von den erwähnten *Buffer Overflows* näher gebracht. Solche Ausarbeitungen verdeutlichen sehr gut den Wunsch nach Vereinfachung des Speichermanagements bei der eigenen Softwareentwicklung und den Bedarf des im nachfolgenden vorgestellten *Garbare Collecter* (GC).

Frei übersetzt oder frei in der Betrachtung kann man GC als Art *Müllabfuhr* innerhalb der Common Language Runtime (CLR) sehen. Sobald wir Klasseninstanzen erstellen wird Speicher im Heap reserviert. Wenn diese Instanz nicht mehr benötigt wird, dann sorgt der GC dafür das der Speicher wieder freigegeben wird. Dies passiert automatisch durch die CLR, zu wahlfreien Zeitpunkten; in der Regel muss man/sollte man sich hierüber keine Gedanken machen müssen. Wie der GC arbeitet erkennt man auf einfache Weise durch eine Testapplikation; diese haben wir in Listing 14.1 vorbereitet. In diesem einfachen Beispiel reservieren wir uns in Zeile 35 nach und nach eine größere Menge an Speicherplatz. Nach jeder neuen Reservierung innerhalb der Schleife in Zeile 31 wird die aktuell reservierte Anzahl des Speichers der durch den GC verwaltet wird abgefragt und für eine spätere Analyse zwischengespeichert. Nach der Schleife wird der Speicher wieder freigegeben und geschaut wie viel der GC dann noch verwaltet.

An dem Beispiel ist ganz klar die Funktionsweise zu erkennen. Nach jeder wei-

---

[1] phrack.org/issues/49/14.html#article

teren Iteration steigt der vom GC verwaltete Speicher kontinuierlich um den gleichen Wert hinauf. Dies verwundert nicht, da die Anzahl der Instanzen immer gleich ist und auch die Größe der jeweiligen Instanz immer gleich sein muss, denn der Typ der instanziierten Objekte untersteht keiner Varianz. Auf dem Höhepunkt, also am Ende des Schleifendurchlaufs, werden in Zeile 48 die erstellten Objekte wieder gelöscht und daraufhin nach dem Entfernen aus der Liste nicht mehr verwendet, so dass der GC nach einem manuellen Triggern von `Collect()` der GC einmal komplett durch seine zu verwaltenden Objekte wandern und den Speicher wieder freigibt; natürlich nur für die Objekte die dies auch zulassen. Wie aus der Abbildung 14.1 zu erkennen ist, gibt es dadurch einen rapiden Abfall des reservierten Speichers und dieser kann dann für andere Zwecke weiter genutzt werden.

Der Aufruf von `Collect()` ohne Argument durchläuft alle GC-Levels. Das von Ihrem System maximal unterstützte Level kann mit `GC.MaxGeneration` erfragt werden. Die Angabe eines Zahlenwerts als erstes Argument führt dazu, dass entsprechend alle Level bis zu dem angegebenen Level durchlaufen werden, d.h. wenn Sie zwei als Level angeben, so wird erst Level 0, dann Level 1 und zum Schluss Level 2 durchlaufen.

Listing 14.1: Speicherreservierung und Garbage Collector (GC)

```
1   using System;
2   using System.Collections.Generic;
3   using System.Diagnostics;
4   using System.IO;
5   using System.Text;
6
7   public class DataToWastGc
8   {
9     private int a, b;
10  }
11
12  class Program
13  {
14    static void Collect()
15    {
16      Process.GetCurrentProcess().Refresh();
17
18      GC.Collect(0, GCCollectionMode.Forced);
19      GC.Collect(1, GCCollectionMode.Forced);
20      GC.Collect(2, GCCollectionMode.Forced);
21    }
22
23    static void Main()
24    {
25      var items = new List<DataToWastGc>();
26      var gcBytes= new List<long>(6);
27
28      var numberOfInstances = 1024 * 1024 * 5;
29      gcBytes.Add(GC.GetTotalMemory(true));
30
31      for (int j = 0; j <= 10; ++j)
32      {
33        for (int i = 0; i < numberOfInstances; ++i)
34        {
35          items.Add(new DataToWastGc());
36        }
37        gcBytes.Add(GC.GetTotalMemory(true));
38      }
```

```
39
40      int n = gcBytes.Count;
41      var sb = new StringBuilder();
42      sb.Append("Durchlauf;GC Total Memory Bytes\r\n");
43      for (int i = 0; i < n; ++i)
44      {
45          sb.AppendFormat("{0};{1}\r\n", i + 1, gcBytes[i]);
46      }
47
48      items.Clear();
49
50      Collect();
51
52      gcBytes.Add(GC.GetTotalMemory(true));
53
54      sb.AppendFormat("{0};{1}\r\n", n + 2, GC.GetTotalMemory(true));
55      File.WriteAllText("..\\..\\Result.csv", sb.ToString());
56      }
57  }
```

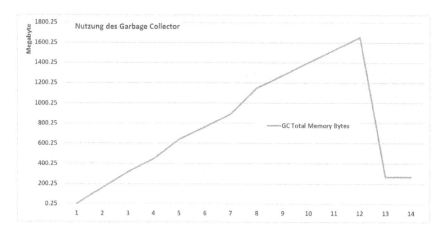

Abb. 14.1: Plot der Messergebnisse aus Tabelle 14.1

14.1 Heap und Stack

Um den *Garbage Collector* (GC) aber auch die Speicherverwaltung in C# zu verstehen müssen wir uns ein wenig Gedanken über die Funktionsweise von *Heap* (vgl. Abschn. 14.2) und *Stack* machen. Interessierte Leser können nebenbei auch den Sourcecode studieren, für .NET Core ist dieser bei GitHub einsehbar.[2] Dem Stack haben wir schon in einigen vorherigen Kapitel kennengelernt.

---

[2] raw.githubusercontent.com/dotnet/coreclr/master/src/gc/gc.cpp

Tabelle 14.1: Messergebnisse zum Verlauf des vom *Garbage Collector* (GC) verwalteten Speicher aus Listing 14.1 und dem dazugehörigen Plot in Abbildung 14.1

Durchlauf	GC Total Memory Bytes	Kilobyte	Megabyte	Gigabyte
1	270328	264	0.258	0.000251
2	159654960	155913	152.258	0.148690
3	319038996	311562	304.259	0.297128
4	444868116	434442	424.259	0.414316
5	637806100	622858	608.259	0.594003
6	763635220	745738	728.259	0.711191
7	889464340	868618	848.259	0.828378
8	1149511284	1122570	1096.259	1.070566
9	1275340404	1245450	1216.259	1.187753
10	1401169524	1368330	1336.259	1.304941
11	1526998644	1491210	1456.259	1.422128
12	1652827764	1614090	1576.259	1.539316
13	268707500	262410	256.259	0.250253
15	268708884	262411	256.260	0.250254

Methoden im IL-Code haben zum Beginn i.d.R. eine Anweisung der folgenden Form: `.maxstack 8`. Diese Anweisung beschreibt die maximale Größe von Elemente[3] die zu einem lokalen Stack innerhalb einer Methode hinzugefügt werden können [25]; diesen Stack nennt man auch *IL-Evaluierungsstack*. Hierbei sind die Daten auf dem Stack in aller Regeln *Value Typen* und im Heap befinden sich zumeist *Reference Typen*; wenn nun *Reference Typen* u.a. Typen von Strukturen enthalten, dann kann es vorkommen, dass auch *Value Typen* im Heap existieren.

Am einfachsten kann man dies an einem Fallbeispiel nachvollziehen. Listing 14.2 enthält ein Standardbeispiel welches in der Regel zum Erläutern von Zeigern und dem Dereferenzierungsoperator[4] in C/C++ herangezogen wird. Wir wollen in einer Methode zwei Zahlen miteinander tauschen. In der `Main()`-Methode wird in Zeile 30 die Methode `Swap()` mit zwei Argumenten aufgerufen; dies sind die zwei Integerwerte ein paar Zeilen vorher. In der Methode selbst mit einer Hilfsvariablen der Wert von x erst zwischengelagert, dann der Originalwert mit y überschrieben und am Ende der zwischengespeicherte Wert auf y geschrieben. Der zweite Aufruf von `Swap()` in Zeile 35 arbeitet dagegen mit einer Klasseninstanz als Argument. Intern werden wieder die entsprechenden Werte mit einer Hilfsvariablen getauscht. Im Ergebnis der Ausführung in Abbildung 14.2 ist folgendes klar zu erkennen: (a) mit *Value Typen* und dieser Implementierung ist das Ziel nicht zu erreichen und (b) mit *Reference Typen* kann die Umsetzung erfolgen.

Listing 14.2: Erläuterung von Heap und Stack am Beispiel „Zahlentausch"

---

[3] The int32 specifies the maximum number of elements on the evaluation stack during the execution of the method.

[4] en.wikipedia.org/wiki/Dereference_operator

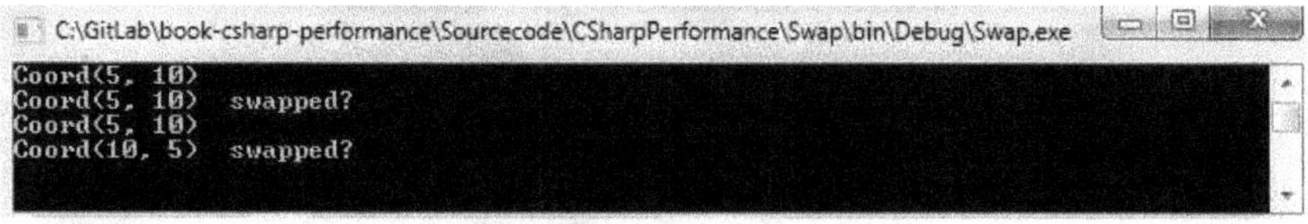

Abb. 14.2: Ausführung der Applikation aus Listing 14.2

```
1    using C = System.Console;
2
3    public class Pixel
4    {
5      public int X;
6      public int Y;
7    }
8
9    class Program
10   {
11     public static void Swap(int x, int y)
12     {
13       int tmp = x;
14       x = y;
15       y = tmp;
16     }
17
18     public static void Swap(Pixel px)
19     {
20       int tmp = px.X;
21       px.X = px.Y;
22       px.Y = tmp;
23     }
24
25     static void Main()
26     {
27       int x = 5, y = 10;
28
29       C.WriteLine("Coord({0}, {1})", x, y);
30       Swap(x, y);
31       C.WriteLine("Coord({0}, {1}) swapped?", x, y);
32
33       var pixel = new Pixel {X = x, Y = y};
34       C.WriteLine("Coord({0}, {1})", pixel.X, pixel.Y);
35       Swap(pixel);
36       C.WriteLine("Coord({0}, {1}) swapped?", pixel.X, pixel.Y);
37
38       C.ReadLine();
39     }
40   }
```

Wenn wir uns einmal die eigentlichen Speicheradressen der jeweiligen Umsetzungen und Variablen anschauen, dann erkennen wir schnell das der erste Ansatz nicht funktionieren konnte. Die Speicheradressen der Variablen und Objekte kann man in einem `unsafe`-Kontext abfragen, wobei dann direkt auf die Speicherstellen zugriffen wird; hier wird sozusagen die Möglichkeiten aus C/C++ freigeschaltet. Der nachfolgende Sourcecode erlaubt das Ermitteln der Speicherstelle einer einfachen Integervariablen:

```
int* ptrY = &y;
IntPtr addrY = (IntPtr) ptrY;
C.WriteLine("Address: x->{0}", addrX.ToString("x"));
```

Abb. 14.3: Speicheradressen der Variablen bei denen ein Wertetausch stattfinden soll

Für Objekte sehe ein entsprechend Zugriff folgendermaßen aus:

```
var pixel = new Pixel {X = x, Y = y};
TypedReference tr = __makeref(pixel);
IntPtr addrPixel = **(IntPtr**)(&tr);
C.WriteLine("Addresses: pixel ->{0}", addrPixel.ToString("x"));
```

Für unsere zwei Beispiele oben ergibt sich das Ergebnis aus Abbildung 14.3. Das obere Rechteck hebt die Adressen von x und y hervor. Vor dem Aufruf und während des Aufruf (also innerhalb der Methode) haben wir für x und y jeweils unterschiedliche Speicheradresse, somit kann ein Überschreiben des Inhalts niemals dazu führen das ein neuer Wert nach außen getragen wird. Hier werden die Daten außerhalb der Methode im Stack abgelegt und intern zu lokalen Speicherstellen wieder vom Stack geholt und eingelagert. Das zweite Rechteck hebt die Adresse des Objekts `pixel` hervor. Auch wieder einmal vor dem Aufruf von `Swap()` und einmal die Adresse die innerhalb der Methode durch die Variable `px` verwendet wird. In Beiden Fällen ist die Adresse $0x022a481c$, somit wird das Beschreiben intern immer auch den Wert nach außen hin ändern. Die Adresse $0x022a481c$ adressiert eine Speicherstelle im Heap und ist dynamisch der Applikation und dem entsprechenden Objekt zugewiesen worden.

14.2 Analyse des Heap

Mit **windbg**[5] steht uns ein Werkzeug (genauer ein *Debugger*) zur Verfügung mit dem wir den Heap während der Ausführung einer Applikation zu jedem Zeitpunkt begutachten können. Somit kann überprüft werden ob Instanzen im Heap erstellt werden und man kann auch ermitteln in welchem GC-Level (s. Abschn. 14.3) sich ein Objekt befindet. Zum Demonstrieren der **windbg**-Funktionen nutzen wir die Applikation aus Listing 14.3. Weiterhin ist es erforderlich für **windbg** eine

---

[5] docs.microsoft.com/en-us/windows-hardware/drivers/debugger/debugger-download-tools

bestimmte Erweiterung zu installieren, dies wäre **PssCor4**[6]; damit kann **windbg**
Managed Code-Applikationen analysieren und debuggen – kurzum, ohne diese
Erweiterung können wir **windbg** nicht nutzen.

Listing 14.3: Beispielapplikation zum Demonstrieren der **windbg**-Funktionen

```
1  using System;
2  using System.Collections.Generic;
3  using System.Diagnostics;
4
5  public class Data
6  {
7    public int A;
8    public InternalData InternalData;
9  }
10
11 public class InternalData
12 {
13   public string Name;
14 }
15
16 class Program
17 {
18   static List<Data> Items = new List<Data>();
19
20   static void Main()
21   {
22     Console.WriteLine("Process: {0}", Process.GetCurrentProcess().Id);
23
24     for (int i = 0; i < 10; ++i)
25     {
26       Console.WriteLine($"i: {i}");
27       Console.ReadLine();
28       Items.Add(new Data00674dfc {
29         A = i,
30         InternalData = new InternalData { Name = $"idx:{i}" }
31       });
32     }
33
34     Console.WriteLine("Ende");
35     Console.ReadLine();
36   }
37 }
```

Nutzung von windbg

Nach dem Starten von **windbg** erhalten wir eine Applikation mit MDI[7]-Fenster-
anordnung wie in Abbildung 14.4 zu sehen. Klicken Sie auf „File\Open Executa-
bles..." und wählen Sie die Applikation aus Listing 14.3 als Debug-Variante aus.
Geben Sie in der Eingabezeile bitte .load PssCor4 ein, dieses Kommando
lädt die PccCor4-Erweiterung, so dass die Managed Code-Applikation auch untersucht werden kann.

---

[6] www.microsoft.com/en-us/download/details.aspx?id=21255
[7] Multiple Document Interface (MDI)

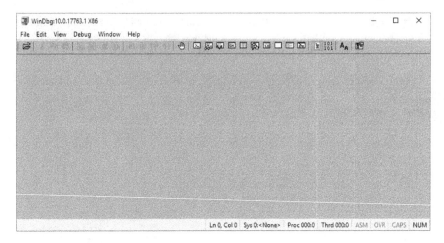

Abb. 14.4: **windbg** nach dem Starten

Nach dem Öffnen der Applikation fängt **windbg** an die Applikation vorzuladen und pausiert vor der Main()-Methode, so dass die Applikation geladen aber nicht ausgeführt wird; diese befindet sich somit im **Break**-Modus und muss durch Sie fortgeführt werden. Abbildung 14.5 zeigt diesen Status mit der gestarteten Applikation im vorderen Konsolenfenster.

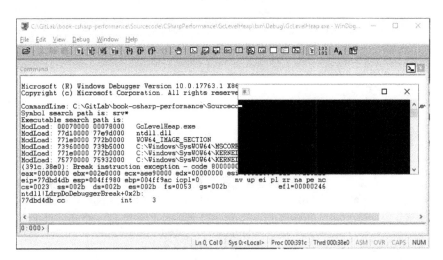

Abb. 14.5: **windbg** nach dem Laden der Applikation

Mit der Eingabe von F5 über Ihre Tastatur führen Sie die Ausführung der App-
likation fort. Es wird unsere implementierte Logik ausgeführt und nach einem
Bruchteil von Sekunden landen wir in der for-Schleife und der Stelle an der die
Applikation auf Eingabe durch Sie wartet. Geben Sie ein paarmal Enter über
Ihre Tastatur ein. In dem Konsolenfenster gibt es mehrere Ausgaben. Wählen Sie
nun unter dem Menüpunkt *Debug* den Punkt *Break*; die Anwendung pausiert.

Geben Sie nun !DumpHeap -stat ein, Sie sollten nun die nachfolgende Ausgabe erhalten (hier nur ein Auszug):

```
    [[ GEKUERZTE AUSGABE ]]
6f7b1084        1          60  System.StackOverflowException
0067611c        5          60  GcLevelHeap.InternalData
6f7f394c        1          64  System.IO.StreamReader
6f7add64        1          68  System.AppDomainSetup
6f7ba944        1          72  System.Text.SBCSCodePageEncoding
6f7b04fc        1          72  System.IO.UnmanagedMemoryStream
00674dfc        5          80  GcLevelHeap.Data
6f7b0d44        1          84  System.Globalization.CalendarData
6f7ad894        7          84  System.Object
6f7ad818        1          84  System.ExecutionEngineException
6f7ad7d4        1          84  System.StackOverflowException
6f7ad790        1          84  System.OutOfMemoryException
6f7ad63c        1          84  System.Exception
00675240        3          84  GcLevelHeap.Data[]
00728628        8          96      Free
6f7b0d00        1         104  System.Globalization.CalendarData[]
6f7ad9ac        1         112  System.AppDomain
6f7b05c8        2         144  System.Globalization.CultureInfo
    [[ GEKUERZTE AUSGABE ]]]
Total 423 objects
```

Hier sehen Sie eine Auflistung aller aktuell im Heap vorgehaltenen Objekte, ebenso unsere Instanzen aus unserer Applikation mit dem Typ GcLevelHeap.Data
und GcLevelHeap.DataInternal. In der mittleren Spalte finden Sie die aktuelle Anzahl der Objekte. Innerhalb von **windbg** können Sie auf die Hex-Werte
in der linken Spalte klicken und erhalten dann weitere Informationen:

```
0:002> !DumpHeap /d -mt 00674dfc
  Address        MT      Size
028653e8  01234dfc        16
028654a0  01234dfc        16
0286553c  01234dfc        16
028655d8  01234dfc        16
02865674  01234dfc        16
```

Ebenso können Sie natürlich direkt einen Befehl zur Ausführung bringen, denn
ein Klick auf die Hex-Werte tut eben genau dies. Hier bei diesem Klick wurde
dieser in den Befehl !DumpHead /d -mt 00674dfc umgewandelt. Dieses
Kommando greift auf die *Methoden Tabelle* (hier -mt) mit der Adresse *00674dfc*
zu und zeigt direkt deren Inhalt an. */d* ist leider ein nicht dokumentierter Parameter und kann in meinen Szenarien bisher auch immer weggelassen werden ohne
dass die Informationen beeinträchtigt oder in einer anderen Weise verfälscht sind.
An der Ausgabe erkennen wir folgendes, die Objekte sind alle Teil der Methoden
Tabelle (MT) mit der Adresse *00674dfc* und jedes Objekt hat einen Platzbedarf

von sechszehn Bytes.

Mit !dumpheap -type GcLevelHeap können Sie sich direkt alle Objekte vom Typ GcLevelHeap* anzeigen lassen:

```
0:010> !dumpheap -type GcLevelHeap
 Address        MT      Size
02f22458   01234e4c       24
02f22470   01235240       12
02f253e8   01234dfc       16
02f253f8   0123611c       12
02f25438   01235240       28
02f254a0   01234dfc       16
02f254b0   0123611c       12
02f2553c   01234dfc       16
02f2554c   0123611c       12
02f255d8   01234dfc       16
02f255e8   0123611c       12


Statistics:
      MT      Count    TotalSize  Class Name
01234e4c        1            24  System.Collections.Generic.List'1[[GcLevelHeap
   .Data, GcLevelHeap]]
01235240        2            40  GcLevelHeap.Data[]
0123611c        4            48  GcLevelHeap.InternalData
01234dfc        4            64  GcLevelHeap.Data
Total 11 objects
```

Wie Sie sehen gibt es noch mehr Objekte als die fünf zuvor gezeigten Objekte.
Wir sehen das auch GcLevelHeap.InternalData im Heap angelegt wurde,
also die *Reference Typen*-Instanzen in den jeweiligen GcLevelHeap.Data-
Instanzen, ebenso entdecken wir die statische Instanz Items als List<T>-
Instanz.

Mit !do 02f2553c[8] können Sie sich ein Objekt im Heap genauer anschauen.
Für die Adresse *02f2553c* bekommen wir folgende Informationen:

```
0:010> !do 02f2553c
Name:          GcLevelHeap.Data
MethodTable:   01234dfc
EEClass:       01231744
Size:          16(0x10) bytes
File:          C:\tmp\bin\Debug\GcLevelHeap.exe
Fields:
      MT      Field    Offset              Type VT      Attr      Value Name
6f7af348   4000001        8        System.Int32  1  instance         2 A
0123611c   4000002        4   ...Heap.InternalData  0  instance  02f2554c
           InternalData
```

Wir sehen in dieser Ausgabe wieder die Größe des Objektes aber auch dessen
internen Aufbau und hier für die Eigenschaft A des Objektes zudem den dazugehörigen Wert 2, welchen wir beim Instanziieren zugewiesen haben. Auch für die
Instanz von InternalData können wir uns den entsprechenden Inhalt anzeigen lassen:

```
0:010> !do 02f2554c
Name:          GcLevelHeap.InternalData
MethodTable:   0123611c
```

---

[8] DumpObj, die Kurzform ist *do*

```
EEClass:        0123193c
Size:           12(0xc) bytes
File:           C:\tmp\bin\Debug\GcLevelHeap.exe
Fields:
      MT      Field    Offset            Type VT    Attr     Value Name
6f7ad4f4    4000003         4    System.String   0 instance 02f25574 Name
```

Die GC-Level (siehe Abschn. 14.3) können wir uns mit !eeheap -gc anschauen, wir bekommen Informationen darüber an welchen Speicherstellen diese für unseren Prozess existieren:

```
0:010> !eeheap -gc
Number of GC Heaps: 1
generation 0 starts at 0x02f21018
generation 1 starts at 0x02f2100c
generation 2 starts at 0x02f21000
ephemeral segment allocation context: none
 segment      begin    allocated         size
02f20000  02f21000   02f25ff4   0x4ff4(20468)
Large object heap starts at 0x03f21000
 segment      begin    allocated         size
03f20000  03f21000   03f25518   0x4518(17688)
Total Size:            Size: 0x950c (38156) bytes.
```

GC Heap Size: Size: 0x950c (38156) bytes.

Wir sehen die Startadressen der jeweiligen GC-Level. Da diese im Speicher hintereinander liegen könnten wir mit diesen Informationen auch deren Größe ermitteln.

14.3 Level 0, Level 1, Level 2 und Level N

In Listing 14.1 innerhalb der Methode Collect() haben Sie schon drei mögliche Level von dem .NET CLR Garbage Collector kennengelernt. Diese drei Level beschreiben Lebenszyklen eines Objekts, je länger ein Objekt existiert desto höher ist das entsprechende Level. Der GC ruft Collect() nach eigenen Regeln auf, u.a. wenn im Moment „wenig" zu tun ist und ein entsprechendes Aufräumen nicht die Performance anderer Funktionen belasten wird; aber auch dann wenn ein neues Objekt erstellt werden soll und im Level 0 die Grenzen des verfügbaren Speichers überschritten werden. Die unterschiedlichen Level werden zu unterschiedlichen Zeiten aufgerufen, aber können auch kurzfristig nacheinander aufgerufen werden, sozusagen „fast parallel". Bei einem Collect() werden alle aktuellen Threads einer Applikation pausiert, so dass es hier nicht zu *Race conditions* kommen kann. Nach dem Collect() werden die Threads wieder gestartet. Alle Objekte haben einen GC-Zähler, bei allen Objekten die durch den GC verwaltet werden und ein entsprechendes Collect() überstanden haben, wird dieser GC-Zähler um einen Punkt erhöht.

Die Level 0, Level 1 und Level 2 sind eher für kurzlebige Objekte gedacht[9], Le-

---

[9] For small objects the heap is divided into 3 generations: gen0, gen1 and gen2.

vel N nenne ich das vierte Level mit Sonderbedeutung und dieses ist explizit für
Objekte gedacht die eine Größe[10] von etwa 85KB oder mehr haben.[11] Level N
nennt man auch *Large Object Heap* (LOH). Der LOH unterstützt keine Generationenbehandlung, Große Objekte landen i.d.R. direkt dort. Bei einem Level 2-
Collect wird auch der LOH geprüft und entsprechende Objekte bei Bedarf bereinigt.

Wir müssen uns selbst nicht wirklich Gedanken um die Verwendung dieser GC-
Level machen, die Implementierung und Logik des hier verwendeten GC ist top
und bietet uns die Möglichkeit fast sorgenfrei stabile und performante Applikationen zu entwickeln. Aber Vorsicht, das alles erspart uns aber nicht davor auch
darauf zu achten das wir ordentlich mit Objekten arbeiten. Wie man einen klassischen *Memory Leak* durch Flüchtigkeitsfehler oder falsche Designentscheidung
bekommt zeigt das Listing 14.4. Wenn Sie diese Anwendung ausführen wird das
Ergebnis der Ausgabe ähnlich wie diese aussehen:

```
PS C:\temp> memoryleak.exe
START GC: 21KB
AFTER GC: 144KB
1 Memory GC: 144KB
2 Memory GC: 144KB
3 Memory GC: 144KB
```

Die erste Ausgabe finden wir in Zeile 47 und gibt die Informationen des aktuell
vom GC verwalteten Speichers aus. Danach wird in einer Schleife immer mehr
Speicher reserviert. In Zeile 70 folgt dann die zweite Zeile mit einer Belegung
von 144*KB*. In den Zeilen 76 und Zeile 79 soll der Speicher wieder freigegeben
werden, aber wie wir durch die Ausgaben in Zeile 84 und den entsprechenden Applikationsausgaben sehen geschieht dies nicht; der Speicher bleibt bei einer Belegung von 144*KB*. Hier liegt ein klassischer Fehler vor den ich schon des Öfteren in
realen Applikationen gesehen habe. Im Konstruktor werden hin und wieder externe Referenzlisten gefüttert, so dass der Referenzzähler eines Objektes nicht mehr
auf Null kommt und vom GC weggeräumt wird. Wenn man eine solche Liste unbedingt benötigt, dann muss diese mit gepflegt werden. Wenn wir nun direkt hinter
der Zeile 79 den Aufruf `RefList.Instance().Clear()` hinzufügen, dann
greifen auch die entsprechenden GC-Mechanismen und der Speicher wird wieder
freigegeben.

Listing 14.4: Beispiel einer Anwendung die den Speicher nicht wieder zur Verfügung bekommt und dadurch nach einer Weile sicherlich `OutOfMemory`-
Exceptions wirft

```
1  using System;
2  using System.Collections.Generic;
3  using C = System.Console;
4
5  public class RefList : List<object>
6  {
7      private static RefList _instance;
```

---

[10] For large objects there's one generation – gen3.

[11] github.com/dotnet/coreclr/blob/master/Documentation/botr/garbage-collection.md

```
 8
 9       public static RefList Instance ()
10       {
11         if (_instance != null)
12           return _instance;
13         _instance = new RefList();
14         return _instance;
15       }
16   }
17
18   public class MakeCyclicReferences
19   {
20     public MakeCyclicReferences ()
21     {
22       RefList.Instance ().Add(this);
23     }
24     public string Name { get; set; }
25     public MakeCyclicReferences Root, Previous, Next;
26   }
27
28   class Program
29   {
30     static void Collect()
31     {
32       for(int i=0; i < 3; ++i)
33         GC.Collect(i, GCCollectionMode.Forced);
34     }
35
36     static string GcKB()
37     {
38       var bytes = GC.GetTotalMemory (true);
39       return "" + (int) (bytes / 1024) + "KB";
40     }
41
42     static void Main()
43     {
44       RefList.Instance ();
45       var graphs = new List<MakeCyclicReferences >();
46
47       C.WriteLine ("START GC: {0}", GcKB());
48       for (int i = 0; i < 1024; ++i)
49       {
50         var root   = new MakeCyclicReferences   { Name = "root"   };
51         var left   = new MakeCyclicReferences   { Name = "left"   };
52         var middle = new MakeCyclicReferences   { Name = "middle" };
53         var right  = new MakeCyclicReferences   { Name = "right"  };
54
55         left.Root = root;
56         left.Next = middle;
57         left.Previous = right;
58
59         middle.Root = root;
60         middle.Next = right;
61         middle.Previous = left;
62
63         right.Root = root;
64         right.Previous = middle;
65         right.Next = left;
66
67         graphs.Add(root);
68       }
69
70       C.WriteLine ("AFTER GC: {0}", GcKB());
71
72       System.Threading.Thread.Sleep(1000);
73
74       for (int i = 0; i < graphs.Count; ++i)
```

```
75     {
76         graphs[i] = null;
77     }
78
79     graphs.Clear();
80
81     for (int i=0; i < 3; ++i)
82     {
83         Collect();
84         C.WriteLine("{1} Memory GC: {0}", GcKB(), i+1);
85         System.Threading.Thread.Sleep(1000);
86     }
87
88     C.ReadLine();
89   }
90 }
```

14.3.1 Zeitaufwand des Garbage Collectors

Die Ausführung eines `GC.Collect()` kann relativ viel Zeit in Anspruch nehmen. Im Listing 14.5 erstellen wir mehrere Objekte, einmal zwanzig Stück zu
je. 100*MB* (siehe Zeile 49) und einmal 2000 Stück zu je. 1*MB* (siehe Zeile 63).
Insgesamt werden vier Messungen durchgeführt:

Messung 1   in Zeile 84, vor dem `GC.Collect()` werden die Referenzen aufgelöst, also die Objekte auf `null` gesetzt; es werden zwanzig 100*MB* große
Datenblöcke erstellt

Messung 2   in Zeile 87, wie Messung 1, aber ohne vorheriges Auflösen der Referenzen

Messung 3   in Zeile 90, vor dem `GC.Collect()` werden die Referenzen aufgelöst, also die Objekte auf `null` gesetzt; es werden zweitausend 1*MB* große
Datenblöcke erzeugt

Messung 4   in Zeile 93, wie Messung 3, aber ohne vorheriges Auflösen der Referenzen

Im Ergebnis ist klar ersichtlich das der GC schneller und flotter zum Ende kommt,
wenn dieser wenige Datenblöcke verarbeiten muss. Dabei ist es augenscheinlich
unerheblich ob diese Datenblöcke größer oder kleiner sind. Aber erstaunlich ist,
das eine große Anzahl von kleinen Datenblöcken nicht sehr viel länger benötigt.
Die jeweiligen Medianwerte der einzelnen Messungen sind: $15,12$ (Messung #1),
$0,099$ (Messung #2), $19,851$ (Messung #3) und $0,511$ (Messung #4). Im Verhältnis betrachtet, mit Auflösung der Referenzen im Vorfeld und einem nachfol-
gendem Aufruf von `Collect()` ist die Ausführungszeit nur ein drei Viertel im
Gegensatz zu kleinen Dateien. Wenn im Vorfeld kein Auflösen der Referenzen
durchgeführt wurde, dann beträgt die Ausführungszeit bei großen Dateien nur ein
Fünftel der Zeit wie bei vielen kleinen Dateien.

Im Resultat kann man behaupten, dass das Arbeiten mit großen Dateien performanter ist (zumindest bei `GC.Collect()` und nicht in der Business-Logik

Tabelle 14.2: Einzelmessergebnisse für die Plots in Abbildung 14.6 und Abbildung 14.7; die jeweiligen Messdaten sind in Millisekunden aufgeführt

Durchlauf	100MB (clear before)	100MB	1MB (clear before)	1MB
1	19.181	0.1019	21.0047	0.4860
2	15.046	0.1078	19.8504	0.5898
3	15.119	0.0998	19.9250	0.4455
4	15.371	0.0957	19.7112	0.4465
5	15.762	0.1039	19.5213	0.6189
6	15.121	0.1113	19.8517	0.5623
7	15.008	0.0094	19.5908	0.5352
8	15.065	0.0975	19.6251	0.4153
9	15.067	0.0947	20.3841	0.4854
10	15.498	0.0965	22.1276	0.8683

selbst) und man bei vielen kleinen Dateien etwas höheren Zeitaufwand hat; im Ganzen sind aber beide Ergebnis absolut vertretbar und sollten in einer Applikation nicht zu stark ins Gewicht fallen. Wenn es doch so weit kommen sollte das viele Dateien im Heap vorhanden sind und daraufhin während der Ausführung eines Algorithmus die Heapgrenzen erreicht werden – was dann dazu führt, dass der GC des Öfteren durchlaufen und bereinigt wird – dann sollte man eher den Algorithmus oder das Datenhandling überdenken.

Listing 14.5: Messung des Zeitaufwands von GC.Collect() für **100MB** und **1MB** große Dateien *vordem* und *nachdem* die Objekte freigegeben wurden, also nicht mehr referenziert werden

```csharp
1  using System;
2  using System.IO;
3  using System.Text;
4  using System.Collections.Generic;
5  using System.Diagnostics;
6  using C = System.Console;
7
8  public class LargeObject
9  {
10     public byte[] Data;
11     public LargeObject(long n = 1)
12     {
13        Data = new byte[n];
14     }
15  }
16
17  class Program
18  {
19     private static List<LargeObject> Refs = new List<LargeObject>();
20     static int[] LevelUses = new int[GC.MaxGeneration + 1];
21     static long Obj_1MB = 1024 * 1024 * 1;
22     static long Obj_4MB = 1024 * 1024 * 4;
23     static long Obj_10MB = 1024 * 1024 * 10;
24     static long Obj_100MB = 1024 * 1024 * 100;
25
26     static string GetLevelUses()
```

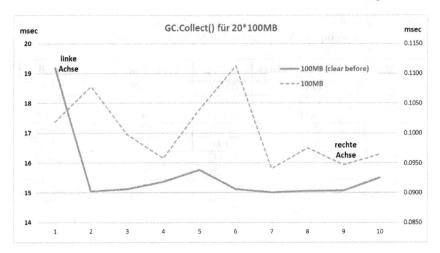

Abb. 14.6: Zeitaufwand von `GC.Collect()` für **100MB** große Dateien *vordem* und *nachdem* die Objekte freigegeben wurden, also nicht mehr referenziert werden

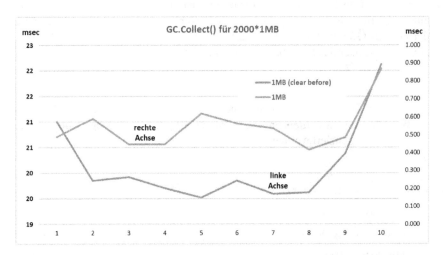

Abb. 14.7: Zeitaufwand von `GC.Collect()` für **1MB** große Dateien *vordem* und *nachdem* die Objekte freigegeben wurden, also nicht mehr referenziert werden

```
27    {
28        for (int j = 0; j < Refs.Count; ++j)
29        {
30            LevelUses[GC.GetGeneration(Refs[j])]++;
31        }
32        var sb = new StringBuilder();
33        sb.Append("Stat: ");
34        for (int j = 0; j < GC.MaxGeneration + 1; ++j)
```

```
35        {
36          sb.AppendFormat("{0}L{1}  ", LevelUses[j], j);
37        }
38        return sb.ToString();
39      }
40
41      static TimeSpan Collect()
42      {
43        var sw = new Stopwatch();
44        sw.Start(); GC.Collect(); sw.Stop();
45        C.WriteLine("Took: {0} secs", sw.Elapsed.TotalSeconds);
46        return sw.Elapsed;
47      }
48
49      static TimeSpan LargeObjects(bool clearBeforeCollect)
50      {
51        Refs.Clear(); Collect();
52        var memBefore = GC.GetTotalMemory(false);
53        for (int i = 0; i < 20; ++i)
54          Refs.Add(new LargeObject(Obj_100MB));
55        var memAfter = GC.GetTotalMemory(false);
56        if (clearBeforeCollect) Refs.Clear();
57        C.WriteLine("reserved {0} MB extra",
58          (memAfter − memBefore) / 1024 / 1024);
59        C.WriteLine(GetLevelUses());
60        return Collect();
61      }
62
63      static TimeSpan SmallObjects(bool clearBeforeCollect)
64      {
65        Refs.Clear(); Collect();
66        var memBefore = GC.GetTotalMemory(false);
67        for (int i = 0; i < 2000; ++i)
68          Refs.Add(new LargeObject(Obj_1MB));
69        var memAfter = GC.GetTotalMemory(false);
70        if (clearBeforeCollect) Refs.Clear();
71        C.WriteLine("reserved {0} MB extra",
72          (memAfter − memBefore) / 1024 / 1024);
73        C.WriteLine(GetLevelUses());
74        return Collect();
75      }
76
77      static void Main()
78      {
79        C.WriteLine("GC Max Generation: {0}", GC.MaxGeneration);
80        int maxIt = 10;
81        var times = new TimeSpan[maxIt, 4];
82
83        for (int i = 0; i < maxIt; ++i)
84          times[i, 0] = LargeObjects(true);
85
86        for (int i = 0; i < maxIt; ++i)
87          times[i, 1] = LargeObjects(false);
88
89        for (int i = 0; i < maxIt; ++i)
90          times[i, 2] = SmallObjects(true);
91
92        for (int i = 0; i < maxIt; ++i)
93          times[i, 3] = SmallObjects(false);
94
95        var sb = new StringBuilder();
96        sb.Append("Durchlauf;100MB (clear before);"
97          + "100MB;1MB (clear before);1MB\r\n");
98        for (int i = 0; i < maxIt; ++i)
99          sb.AppendFormat("{0};{1};{2};{3};{4}\r\n", i + 1,
100         times[i, 0].TotalMilliseconds, times[i, 1].TotalMilliseconds,
101         times[i, 2].TotalMilliseconds, times[i, 3].TotalMilliseconds);
```

```
102
103        File.WriteAllText("..\\..\\Results.csv", sb.ToString());
104
105        C.ReadLine();
106      }
107    }
```

14.3.2 GC-Wanderschaft von Objekten

Sie können die Wanderschaft eines Objekts von Level 0 bis Level 2 problemlos
verfolgen. Dafür müssen Sie nur die Applikation in Listing 14.6 ausführen. Die
Ausgabe ist wie folgt:

```
PS C:\temp> .\MoveObjectInGc.exe
Level: 0
Level: 1
Level: 2
```

Wir erzeugen am Anfang ein Objekt ohne Inhalt und Business-Logik, dieses
wird am Anfang in Level 0 vorgehalten, mit einer gültigen Referenz. Ein Aufruf von GC.Collect() versucht nun Objekte zu entfernen, da eine gültige
Referenz vorliegt wird das Freigeben bei diesem Objekt übersprungen. Daraufhin befindet sich das Objekt in Level 1. Nach einem weiteren Versuch befindet sich das Objekt in Level 2. Die aktuelle Generation eines Objekts kann mit
GC.GetGeneration() erfragt werden.

Listing 14.6: Wanderung zwischen den *Garbage Collector*-Levels

```
1   using C = System.Console;
2   using GC = System.GC;
3
4   public class ObjectToMove {  }
5
6   class Program
7   {
8       static void Main(string[] args)
9       {
10          var o = new ObjectToMove();
11          var level = GC.GetGeneration(o);
12          C.WriteLine("Level: {0}", level);
13
14          GC.Collect();
15          level = GC.GetGeneration(o);
16          C.WriteLine("Level: {0}", level);
17
18          GC.Collect();
19          level = GC.GetGeneration(o);
20          C.WriteLine("Level: {0}", level);
21
22          C.ReadLine();
23      }
24  }
```

Kapitel 15
Call by Value, Call by Reference

Der Weise fragt nicht, ob man ihn auch ehrt.
Nur er allein bestimmt sich seinen Wert.

Johann Gottfried Seume

Beim Aufruf von Methoden können wir Aufrufargumente mitgeben. Hierbei gibt es unterschiedliche Möglichkeiten, wir unterscheiden generell zwischen *Call by Value* und *Call by Reference*. Grundsätzlich werden alle *Value Typen* mit dem *Call by Value*-Ansatz abgearbeitet und *Reference Typen* mit dem *Call by Reference*-Ansatz.

Der entscheidende Unterschied dieser zwei Ansätze ist die Art wie der Inhalt eines solchen Objekts weitergegeben wird. Einfache Ganzzahlen vom Typ Integer werden als *Value* behandelt und an die Methoden als Kopie weitergegeben und können dort nicht ohne weiteres modifiziert werden, so dass diese Änderung beim Aufrufer zu sehen ist. Wenn eine Modifikation durchgeführt werden soll, dann gibt es dafür drei Möglichkeiten:

Rückgabewert Der als Aufrufparameter übergeben Wert kann für die Verarbeitung und Erstellung eines neuen Ergebnisses genutzt werden, das Ergebnis wird dann mit `return` an die Aufrufende Methode zurückgegeben; was dort damit geschieht liegt nicht in der Verantwortung der Methode die den Wert erstellt hat.

`ref` Mit `ref` kann ein Aufrufargument explizit als Referenz an die Methode weitergegeben werden, so dass, wenn dieses Argument beschrieben wird sich auch der Wert außerhalb der Methode ändert; somit beeinflusst die Änderung dieses Parameters sehr Wohl die Umgebung. Allerdings kann die Methode die `ref`-Angabe auch ignorieren und man kann ein entsprechendes Ergebnis auch mit `return` zurückliefern.

`out` Dieser Einsatz ist sehr interessant, denn hier erwartet der Aufrufer explizit einen Wert in der Variablen welche der Methode als Parameter mit dem Extraattribut `out` übergeben wurde. Es ist illegal diesen Parameter, der innerhalb der Methode normal als Variable genutzt wird, nicht zu beschreiben. Bevor die

Methode beendet ist muss diesem Parameter etwas injiziert werden, wenn es auch nur `null` oder irgendein Defaultwert.

15.1 Performance: *Call by Value/Call by Reference*

Wenn man die eingangs erwähnten Zusatzschlüsselworte `ref` oder `out` nicht nutzt so wird eine Methode mit Parametern immer als *Call by Value* oder *Call by Reference* identifiziert; eine Kombination ist ebenso möglich. Hier stellt sich direkt die Frage welcher von beiden Ansätzen performanter ist. Das kann man im Grunde nicht ohne Betrachtung der entsprechenden Instanzen von Parametern betrachten. Wie immer gilt es ein Beispiel umzusetzen um zu schauen wie die Realität aussieht, was bringt denn sonst all die ganze Theorie, wenn diese nicht mit der wahren Begebenheit übereinstimmt.

Im Listing 15.1 finden Sie eine Applikation die zwei Strukturen und zwei Klassen beinhaltet; jeweils mit einem Satz an acht *Value Typen* und einmal mit acht *Reference Typen*. In der Methode `TestByValue()` in Zeile 80 wird einmal die Struktur mit den *Value Typen* und in einer zweiten Aufruf mit *Reference Typen*. Die jeweiligen internen Methoden `TaskStruct8` die zum Messen verwendet werden, werden jeweils 10.000.000 ausgeführt, so dass ein stabiles Ergebnis erreicht wird. Gleicher Ansatz wird zum Messen der Klasseninnstanzen genutzt. Hier wird die Messung innerhalb der Methode `TestByReference()` in Zeile 116 ausgeführt. Die Ergebnisse werden jeweils in einer CSV-Datei abgespeichert, so dass eine Aufarbeitung in Microsoft Excel erfolgen kann.

Listing 15.1: Performanceunterschied bei 1.000.000 Aufrufen von Methoden; einmal mit Strukturen und *Call by Value*, ebenso einmal mit *Call by Reference* und selbiges noch mit Klassen

```
1   using System.Runtime.CompilerServices;
2   using Utilities;
3
4   public class Data { public int A; }
5
6   public struct StructData8Value
7   {
8       public int A0, A4;
9       public float A1, A5;
10      public double A2, A6;
11      public bool A3, A7;
12  }
13
14  public struct StructData8Reference
15  {
16      public Data A0, A1, A2, A3, A4, A5, A6, A7;
17  }
18
19  public class ClassData8Value
20  {
21      public int A0, A4;
22      public float A1, A5;
23      public double A2, A6;
```

```
24     public bool A3, A7;
25  }
26
27  public class ClassData8Reference
28  {
29     public ClassData8Reference ()
30     {
31       A0 = new Data (); A1 = new Data ();
32       A2 = new Data (); A3 = new Data ();
33       A4 = new Data (); A5 = new Data ();
34       A6 = new Data (); A7 = new Data ();
35     }
36
37     public Data A0, A1, A2, A3, A4, A5, A6, A7;
38  }
39
40  class Program
41  {
42     private static Utils Instance => Utils.Instance (10, 10000000);
43
44     [MethodImpl (MethodImplOptions.NoOptimization | MethodImplOptions.NoInlining)]
45     private static void TaskStruct8 (StructData8Value data)
46     {
47       data.A0 = 1; data.A1 = 2.0 f;
48       data.A2 = 3.0; data.A3 = false;
49       data.A4 = 4; data.A5 = 5.0 f;
50       data.A6 = 6.0; data.A7 = false;
51     }
52
53     [MethodImpl (MethodImplOptions.NoOptimization | MethodImplOptions.NoInlining)]
54     private static void TaskStruct8 (StructData8Reference data)
55     {
56       data.A0.A = 1; data.A1.A = 2;
57       data.A2.A = 3; data.A3.A = 4;
58       data.A4.A = 5; data.A5.A = 6;
59       data.A6.A = 7; data.A7.A = 8;
60     }
61
62     [MethodImpl (MethodImplOptions.NoOptimization | MethodImplOptions.NoInlining)]
63     private static void TaskClass8 (ClassData8Value data)
64     {
65       data.A0 = 1; data.A1 = 2.0 f;
66       data.A2 = 3.0; data.A3 = false;
67       data.A4 = 4; data.A5 = 5.0 f;
68       data.A6 = 6.0; data.A7 = false;
69     }
70
71     [MethodImpl (MethodImplOptions.NoOptimization | MethodImplOptions.NoInlining)]
72     private static void TaskClass8 (ClassData8Reference data)
73     {
74       data.A0.A = 1; data.A1.A = 2;
75       data.A2.A = 3; data.A3.A = 4;
76       data.A4.A = 5; data.A5.A = 6;
77       data.A6.A = 7; data.A7.A = 8;
78     }
79
80     private static void TestByValue ()
81     {
82       var innerIt = Instance.InnerIt;
83       var res4 = Instance.Measure ("Struktur \"Value Types\"", () => {
84         StructData8Value s4;
85         s4.A0 = 0; s4.A1 = 1;
86         s4.A2 = 2; s4.A3 = false;
87         s4.A4 = 0; s4.A5 = 1;
88         s4.A6 = 2; s4.A7 = false;
89         for (int i = 0; i < innerIt; ++i)
90         {
```

```
 91              s4.A0 =  4;  s4.A1 = 1;
 92              s4.A2 =  2;  s4.A3 = true;
 93              s4.A4 =  5;  s4.A5 = 1;
 94              s4.A6 =  2;  s4.A7 = true;
 95              TaskStruct8(s4);
 96            }
 97          });
 98          res4.SaveCsv(@"..\..\01.csv");
 99
100          var res8 = Instance.Measure("Struktur \"Reference Types\"", () => {
101            StructData8Reference s8;
102            s8.A0 = new Data { A = 1 };
103            s8.A1 = new Data { A = 2 };
104            s8.A2 = new Data { A = 3 };
105            s8.A3 = new Data { A = 4 };
106            s8.A4 = new Data { A = 5 };
107            s8.A5 = new Data { A = 6 };
108            s8.A6 = new Data { A = 7 };
109            s8.A7 = new Data { A = 8 };
110            for (int i = 0; i < innerIt; ++i)
111              TaskStruct8(s8);
112          });
113          res8.SaveCsv(@"..\..\02.csv");
114        }
115
116        private static void TestByReference()
117        {
118          var innerIt = Instance.InnerIt;
119          var res4 = Instance.Measure("Klasse \"Value Types\"", () => {
120            var c8 = new ClassData8Value() {
121              A0 = 0, A1 = 1,
122              A2 = 2, A3 = false,
123              A4 = 0, A5 = 1,
124              A6 = 2, A7 = false
125            };
126
127            for (int i = 0; i < innerIt; ++i)
128            {
129              c8.A0 = 1; c8.A1 = 1;
130              c8.A2 = 1; c8.A3 = true;
131              c8.A4 = 1; c8.A5 = 1;
132              c8.A6 = 1; c8.A7 = true;
133              TaskClass8(c8);
134            }
135            Utils.CleanupGarbageCollector(c8);
136          });
137          res4.SaveCsv(@"..\..\03.csv");
138
139          Utils.CleanupGarbageCollector();
140
141          var res8 = Instance.Measure("Klasse \"Reference Types\"", () => {
142            ClassData8Reference c8 = new ClassData8Reference();
143            for (int i = 0; i < innerIt; ++i)
144            {
145              c8.A0.A = 1; c8.A1.A = 2;
146              c8.A2.A = 3; c8.A3.A = 4;
147              c8.A4.A = 5; c8.A5.A = 6;
148              c8.A6.A = 7; c8.A7.A = 8;
149              TaskClass8(c8);
150            }
151            Utils.CleanupGarbageCollector(c8);
152          });
153          res8.SaveCsv(@"..\..\04.csv");
154        }
155
156        static void Main()
157        {
```

Tabelle 15.1: Einzelmessergebnisse für die Plots in Abbildung 15.1 und Abbildung 15.2; die jeweiligen Messdaten sind in Millisekunden aufgeführt

Durchlauf	Struktur „Value Typen"	Struktur „Reference Typen"	Klasse „Value Typen"	Klasse „Reference Typen"
1	169.840	165.796	157.439	182.674
2	157.291	160.712	157.346	174.508
3	158.270	160.383	171.386	178.253
4	157.523	160.431	194.027	175.801
5	158.241	159.864	159.085	175.188
6	175.015	159.326	156.901	174.467
7	158.615	160.230	158.355	177.013
8	158.120	159.839	156.577	174.026
9	157.769	160.208	157.428	174.556
10	157.401	161.854	156.457	175.083

```
158    Utils.Reset();
159    TestByValue();
160    TestByReference();
161  }
162 }
```

Die Ergebnisse habe ich mir erhofft, sonst wäre mein Verständnis auch ein wenig durcheinander. Wie wir in Abbildung 15.1 sehen verhalten sich Strukturen, ob nun mit *Value Typen* oder `Reference Typen` nahezu identisch, denn intern werden innerhalb der Struktur nur *Value Typen* verwendet. Auch bei Referenzen, da das Objekt einer Referenz im Heap liegt, aber die Adresse dorthin im Grunde ein *Value Typ* ist und bei der Verwendung durch den JIT-Compiler aufgelöst wird, also entsprechend eine Dereferenzierung stattfindet. Zudem besitzen Strukturen viel weniger Overhead beim Instanziieren und werden in diesem konkreten Szenario direkt auf dem Stack erzeugt, so dass der teurere (also zeitintensive) Heap nicht genutzt wird. Es kann zu Engpässen bei der Allokation von Speicher kommen, weshalb es dann auch mal länger dauern kann; dies zumindest kann man aus dem Peak im sechsten Durchlauf erkennen, hier scheint der Garbage Collector (GC) einmal gelaufen zu sein – solche Peaks sehe ich oft in solchen Momenten entdecken.

Anders verhält sich bei den weiteren Tests mit Klassen. Die Abbildung 15.2 zeigt ein sehr klares Ergebnis. Bei dem Aufruf einer Methode mit einer Klasse die viele *Value Typen* besitzt muss der Inhalt komplett einmal kopiert werden, hier kann es passieren das Werte oft einmal „boxed" und „unboxed" (siehe Abschn. 8.5) werden müssen weshalb es dann etwas länger dauern kann. Bedenken Sie aber bitte das hier zig Millionen Aufrufe erfolgen und dieser Plot nur eine Tendenz visualisieren soll. Kurzum, bei einem minimalen Unterschied von ca. $0,02s$

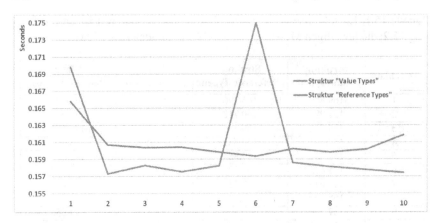

Abb. 15.1: Performanceunterschied beim Aufruf von jeweils 1.000.000 Methoden mit der Übergabe einer Strukturinstanz mit (a) acht unterschiedlichen *Value Typen* und (b) acht unterschiedlichen *Reference Typen*

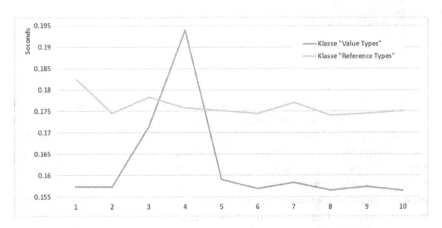

Abb. 15.2: Performanceunterschied beim Aufruf von jeweils 1.000.000 Methoden mit der Übergabe einer Klasseninstanz mit (a) acht unterschiedlichen *Value Typen* und (b) acht unterschiedlichen *Reference Typen*

bei 10.000.000 Iterationen entspricht das gerade einmal einem Unterschied von $0,000.000.002s$ also $2ns$ – den Unterschied merkt nur **Barry Allen**[1].

---

[1] en.wikipedia.org/wiki/Flash_(Barry_Allen)

Kapitel 16
Initialisierungen von Klassen und Strukturen

Uneigennützige Freundschaft
gibt es nur unter Leuten gleicher Einkommensklasse.

Jean Paul Getty

Wenn Sie mit C# eine Anwendung oder Bibliothek entwickeln, dann wissen Sie was Klassen sind. Kapitel 7 hält eine kurze Einführung bereit die Sie jederzeit konsultieren können. Bei meinen eigenen täglichen Arbeiten mit Arbeitskollegen fällt mir immer wieder auf das keiner mehr wirklich mit Strukturen arbeitet oder auch nur im Entferntesten an deren Nutzung denkt. Das ist nicht unbedingt schlimm, aber je nach Anwendungszweck sollte man sich im Klaren darüber sein was Strukturen gegenüber Klassen für Vorteile haben.

Der größte Unterschied besteht in der Tatsache das Klassen sog. *Reference Typen* sind und Strukturen *Value Typen*. Strukturen werden somit bei der Übergabe bei Methoden oder beim Zuweisen an andere Variablen immer komplett kopiert; es wird keine Referenz erzeugt und es gibt auch keinen Referenzzähler um Strukturinstanzen vom *Garbage Collector* wieder aus dem reservierten Speicher freizugeben.

Am Anfang erstellen wir eine Beispielanwendung und schauen wir wie sich dieses verhält. Listing 16.1 enthält die Klassen- und Strukturdefinitionen für die Beispielanwendung; jeweils in zwei Varianten. Die erste Variante enthält acht Variablen als *Value Typen*, u.a. Integer- und Fließkommazahlen. Die zweite Variante besitzt acht Variablen als *Reference Typen*, in diesem Fall einfache Zeichenketten.

In der Testanwendung werden immer zehn Durchläufe für jeden Struktur- und Klassentyp abgearbeitet, in jedem dieser Durchläufe werden 1.000.000 Instanzen von den Typen erstellt. Die entsprechenden Ergebnisplots sind in Abbildung 16.1 für die Klasseninstanzen und in Abbildung 16.2 für die Strukturen abgebildet. Die Messtabelle 16.1 enthält die Messdaten zur Abbildung 16.1, die Messtabelle 16.2 gilt für die Abbildung 16.2.

Der absolute Gewinner in diesen Messungen sind die Strukturen mit den *Reference Typen*. Im Vergleich zum Worst-Case gibt es hier einen Maximalunterschied von etwa achtzehn Millisekunden; das ist beachtlich. Nachfolgend untersuchen wir mögliche Gründe für diese große Diskrepanz,

Listing 16.1: Grundbausteine zur Messung von Struktur- und Klasseninstanzen

```
 1   public struct StructData8Value
 2   {
 3       public int A0, A4;
 4       public float A1, A5;
 5       public double A2, A6;
 6       public bool A3, A7;
 7   }
 8
 9   public struct StructData8Reference
10   {
11       public string A0, A1, A2, A3;
12       public string A4, A5, A6, A7;
13   }
14
15   public class ClassData8Value
16   {
17       public int A0, A4;
18       public float A1, A5;
19       public double A2, A6;
20       public bool A3, A7;
21   }
22
23   public class ClassData8Reference
24   {
25       public string A0, A1, A2, A3;
26       public string A4, A5, A6, A7;
27   }
```

16.1 Analyse der Teilergebnisse

Ich gebe zu, ich konnte es mir nicht im Vornherein erklären aber nach einem Blick in den IL-Code wurde die ganze Angelegenheit doch ein wenig mehr transparenter. Ich hätte im Vorfeld jede Wette geschlossen, dass die Erstellung der zahlreichen Instanzen mit *Value Typen* performanter wäre als die Instanziierung mit *Reference Typen*. Aber man muss es sich eingestehen, Messungen lügen nicht und deshalb war es erforderlich der Sache auf den Grund zu gehen.

Die jeweiligen Aufrufe innerhalb der Iterationen zum Erstellen der 1.000.000-Instanzen ist noch nicht der Flaschenhals. Gehen wir in die jeweiligen Konstruktoren der Klassen, so erkennen wir den doch erheblichen Overhead. Der IL-Code für die Klasse mit den *Value Typen* besitzt folgende Anweisungen:

```
IL_0006:   newobj instance void CreateInstances.ClassData8Value::.ctor()
IL_000b:   dup
IL_000c:   ldc.i4.0
IL_000d:   stfld int32 CreateInstances.ClassData8Value::A0
IL_0012:   dup
IL_0013:   ldc.r4 0.0
IL_0018:   stfld float32 CreateInstances.ClassData8Value::A1
IL_001d:   dup
IL_001e:   ldc.r8 0.0
```

```
IL_0027 :  stfld  float64  CreateInstances.ClassData8Value ::A2
IL_002c :  dup
IL_002d :  ldc.i4.0
IL_002e :  stfld  bool  CreateInstances.ClassData8Value ::A3
IL_0033 :  dup
IL_0034 :  ldc.i4.0
IL_0035 :  stfld  int32  CreateInstances.ClassData8Value ::A4
IL_003a :  dup
IL_003b :  ldc.r4  0.0
IL_0040 :  stfld  float32  CreateInstances.ClassData8Value ::A5
IL_0045 :  dup
IL_0046 :  ldc.r8  0.0
IL_004f :  stfld  float64  CreateInstances.ClassData8Value ::A6
IL_0054 :  dup
IL_0055 :  ldc.i4.0
IL_0056 :  stfld  bool  CreateInstances.ClassData8Value ::A7
IL_005b :  stloc.1
```

Hier wird eine Instanz der Klasse ClassData8Value erstellt und daraufhin
werden – wie gewünscht – die einzelnen Felder mit Daten gefüllt, welche durch
die entsprechenden Scope-Zugriffe (z.B. ::A0 oder ::A1) mit Werten befüllt
werden. In Summe sind das etwa 24 IL-Instruktionen; das ist wirklich nicht viel.

Der Konstruktor der Klasse mit *Reference Typen* steht dazu in einem sehr star-
ken Gegenlicht und kann nicht mit dem bekannten Konstruktor – zumindest auf
IL-Instruktionsebene – verglichen werden. Im IL-Code wird dieser Konstruktor
folgendermaßen aufgerufen:

```
IL_0006 :  newobj  instance  void  CreateInstances.ClassData8Reference ::.ctor ()
```

Hinter dieser Zeile steckt dann doch ein wenig mehr, und zwar:

```
IL_0000 :  ldarg.0
IL_0001 :  call  instance  void  [mscorlib]System.Object ::.ctor ()
//    A0 = new Dataset { A = 1 };
IL_0008 :  ldarg.0
IL_0009 :  newobj  instance  void  CreateInstances.Dataset ::.ctor ()
IL_000e :  dup
IL_000f :  ldc.i4.1
IL_0010 :  stfld  int32  CreateInstances.Dataset ::A
IL_0015 :  stfld  class  CreateInstances.Dataset  CreateInstances.
           ClassData8Reference ::A0
//    A1 = new Dataset { A = 1 };
IL_001a :  ldarg.0
IL_001b :  newobj  instance  void  CreateInstances.Dataset ::.ctor ()
IL_0020 :  dup
IL_0021 :  ldc.i4.1
IL_0022 :  stfld  int32  CreateInstances.Dataset ::A
IL_0027 :  stfld  class  CreateInstances.Dataset  CreateInstances.
           ClassData8Reference ::A1
//    A2 = new Dataset { A = 1 };
IL_002c :  ldarg.0
IL_002d :  newobj  instance  void  CreateInstances.Dataset ::.ctor ()
IL_0032 :  dup
IL_0033 :  ldc.i4.1
IL_0034 :  stfld  int32  CreateInstances.Dataset ::A
IL_0039 :  stfld  class  CreateInstances.Dataset  CreateInstances.
           ClassData8Reference ::A2
//    A3 = new Dataset { A = 1 };
IL_003e :  ldarg.0
IL_003f :  newobj  instance  void  CreateInstances.Dataset ::.ctor ()
IL_0044 :  dup
IL_0045 :  ldc.i4.1
```

```
IL_0046:  stfld  int32 CreateInstances.Dataset::A
IL_004b:  stfld  class CreateInstances.Dataset CreateInstances.
    ClassData8Reference::A3
// A4 = new Dataset { A = 1 };
IL_0050:  ldarg.0
IL_0051:  newobj instance void CreateInstances.Dataset::.ctor()
IL_0056:  dup
IL_0057:  ldc.i4.1
IL_0058:  stfld  int32 CreateInstances.Dataset::A
IL_005d:  stfld  class CreateInstances.Dataset CreateInstances.
    ClassData8Reference::A4
// A5 = new Dataset { A = 1 };
IL_0062:  ldarg.0
IL_0063:  newobj instance void CreateInstances.Dataset::.ctor()
IL_0068:  dup
IL_0069:  ldc.i4.1
IL_006a:  stfld  int32 CreateInstances.Dataset::A
IL_006f:  stfld  class CreateInstances.Dataset CreateInstances.
    ClassData8Reference::A5
// A6 = new Dataset { A = 1 };
IL_0074:  ldarg.0
IL_0075:  newobj instance void CreateInstances.Dataset::.ctor()
IL_007a:  dup
IL_007b:  ldc.i4.1
IL_007c:  stfld  int32 CreateInstances.Dataset::A
IL_0081:  stfld  class CreateInstances.Dataset CreateInstances.
    ClassData8Reference::A6
// A7 = new Dataset { A = 1 };
IL_0086:  ldarg.0
IL_0087:  newobj instance void CreateInstances.Dataset::.ctor()
IL_008c:  dup
IL_008d:  ldc.i4.1
IL_008e:  stfld  int32 CreateInstances.Dataset::A
IL_0093:  stfld  class CreateInstances.Dataset CreateInstances.
    ClassData8Reference::A7
```

Wie dem auch sei, an dieser Stelle muss ich keine großen Beweise sammeln oder Analysen durchführen. Denn aus der Tatsache das hier schon mindestens doppelt so viele IL-Code-Instruktionen ausgeführt werden, ist ein Indiz dafür das dieser Teil niemals schneller sein kann. Im ersten Teil werden etwa sechsundzwanzig IL-Instruktionen ausgeführt, im zuletzt gezeigten Teil mindestens einmal fünfundachtzig IL-Instruktionen die Sie hier sehen plus die Instruktionen in den jeweiligen Konstruktoren (z.B. `CreateInstances.Dataset::.ctor()`. Die Konstruktoren haben im Übrigen jeweils vier IL-Instruktionen, also in Summe $8 * 4 = 32 \Rightarrow 32 + 58 = 90$; damit neunzig IL-Instruktionen gegenüber sechsundzwanzig. Dies entspricht in etwa dem 3,5fachen an Instruktionen. Das es dann am Ende trotzdem nur zu einer – in etwa – Laufzeitverdopplung kommt ist schon „erstaunlich". Hier muss man aber auch bedenken das der JIT-Compiler sicherlich auch irgendwann erkennt was wir tun und entsprechende dynamische Anpassungen bei der Übersetzung zum nativen Code durchführt und entsprechende Verbesserungen fühlbar werden. Zudem muss ich auch immer darauf hinweisen, die Anzahl der Iterationen bei den jeweiligen Nachrichten darf nie außer Acht gelassen werden; denn ein Delta von achtzehn Millisekunden bei 1.000.000 Iterationen für eine Messung entspricht demzufolge auch „nur" 0,000.000.018 Sekunden. Resümiert betrachtet ist dies wohl zu vernachlässigen, oder?

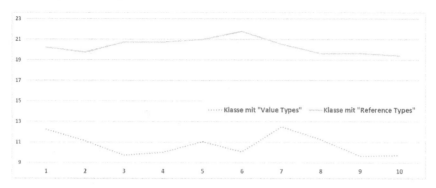

Abb. 16.1: Instanziierung von 1.000.000 Klassen; einmal mit *Value Typen* und einmal mit *Reference Typen*. Eindeutig ist zu erkennen das in diesem Szenario die Erstellung von Klassen mit *Reference Typen* fast doppelt so lang benötigt.

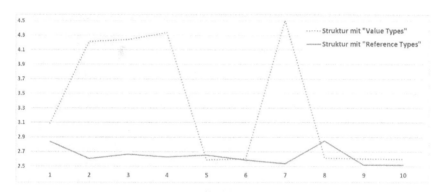

Abb. 16.2: Bereitstellung von 1.000.000 Strukturinstanzen; einmal mit *Value Typen* und einmal mit *Reference Typen*. In diesem Szenario gibt es fünf Ausreiße, in der Gesamtbetrachtung sind Strukturen mit *Reference Typen* die schnellere Variante

Tabelle 16.1: Messwertetabelle für alle Durchläufe beim Erstellen von Klasseninstanzen; einmal mit *Value Typen* und einmal mit *Reference Typen*. Es wurden jeweils 1.000.000 Instanzen generiert und davon die Gesamtzeit in Millisekunden ermittelt.

Durchlauf	Klasse „Value Typen"	Klasse „Reference Typen"
1	12	20
2	11	19
3	9	20
4	10	20
5	11	20
6	10	21
7	12	20
8	11	19
9	9	19
10	9	19

Tabelle 16.2: Messwertetabelle für alle Durchläufe beim Erstellen von Strukturen; einmal mit *Value Typen* und einmal mit *Reference Typen*. Es wurden jeweils 1.000.000 Instanzen generiert und davon die Gesamtzeit in Millisekunden ermittelt.

Durchlauf	Struktur „Value Typen"	Struktur „Reference Typen"
1	3	2
2	4	2
3	4	2
4	4	2
5	2	2
6	2	2
7	4	2
8	2	2
9	2	2
10	2	2

Kapitel 17
Behandlung von Zeichenketten

Was nützt die schönste Viererkette,
wenn sie anderweitig unterwegs ist.

Johannes B. Kerner

Fast in jeder Applikation muss mit Zeichenketten gearbeitet werden. Explizit, aber in den meisten Fällen implizit. Sei es das Öffnen von Dateien, das Einlesen von Daten von einer Netzwerkkommunikation et cetera. Wir kommen nicht umher uns an dieser Stelle Gedanken darüber zu machen welchen Einfluss unterschiedliche String-Operationen auf unsere Performance haben. In den nachfolgenden Abschnitten widmen wir uns unterschiedlichen Techniken wie mit Zeichenketten gearbeitet wird und worauf man achten sollte um nicht unnötig Rechenleistung zu verschwenden. Spezifische Fehlermeldungen müssen mit entsprechenden Hinweisen auf Fehler gefüllt werden, Kommunikationsbefehle müssen entsprechende Parameter besitzen; überall muss mit dynamisch zu erstellenden Zeichenketten (auch *Strings* genannt) gearbeitet werden.

Nehmen wir eine einfache Webanfrage zur Hand. Der einfache Aufruf einer Webseite unserer Wahl, z.B. www.duckduckgo.com. Wir wollen die Startseite von dieser Suchmaschine abfragen und vielleicht in einem eigenen Browser anzeigen. Eine solche Webabfrage wird durch das HTTP-Protokoll[1] ermöglicht welche von allen gängigen Webservern unterstützt wird. Das Format einer solchen Anfrage für dieses Szenario ist:

```
GET / HTTP/1.1\r\n
Host: www.duckduckgo.com\r\n\r\n
```

Diese Anfrage kann zahlreiche weitere Optionen enthalten, u.a. Zeichenkodierung, unterstützte Dateiformate, gewünschte Sprache, und vieles mehr. Das Slash nach GET kann zudem um weitere Angaben ergänzt werden, da dieser Teil Ordner oder Dateien auf dem Server adressiert. Listing 17.1 enthält eine Möglichkeit wie man solch eine HTTP-Get-Anfrage dynamisch erstellen kann. In den nachfolgenden Abschnitten untersuchen wir unterschiedliche Möglichkeiten und stellen diese bzgl. ihrer Performanceeigenschaften gegenüber.

---

[1] www.w3.org/Protocols/rfc2616/rfc2616-sec5.html

Listing 17.1: Generierung einer dynamischen HTTP-Get-Anfrage

```
 1  class SampleCode
 2  {
 3    private string GetAddr() => "/";
 4    private string GetHost() => "www.duckduckgo.com";
 5    private string GetProtocol() => 1 + "." + 1;
 6    private string GetAccept() => "image/gif, image/jpeg, */*";
 7    private string GetLang() => "en-us";
 8    private string GetEncoding() => "gzip, deflate";
 9    private string GetUserAgent() => "Mozilla/4.0 (compatible; MSIE 6.0;
          Windows NT 5.1)";
10
11    public string GetHttpRequest()
12    {
13      return string.Format(
14        "GET {0} HTTP/{2}\r\nHost: {1}\r\nAccept: {3}\r\nAccept-Language: {4}\r
            \nAccept-Encoding: {5}\r\nUser-Agent: {6}\r\n\r\n",
15        GetAddr(), GetHost(), GetProtocol(), GetAccept(),
16        GetLang(), GetEncoding(), GetUserAgent());
17    }
18  }
```

Die Methode `GetHttpRequest()` erstellt mit der Hilfe von `string.For-mat()` eine Zeichenkette, welche individuell zusammengestellt werden kann. Hierbei dienen die Zahlenangaben in den geschweiften Klammern als Indexangabe für nachfolgende Aufrufargumente (man nennt diese Angabe auch *Format Item*[2]), welche dann an die jeweilige Stelle in der Zeichenkette injiziert werden. Die entsprechenden einzufügenden Textbausteine werden in aller Regel dynamisch durch Methoden zur Verfügung gestellt oder im Vorfeld an das von außen kapselnde Objekt übergeben; denn Hostadressen ändern sich, Adressierungen zu Dateien und Ordnern können variieren und auch die gewünschte Sprache ändert sich von Land zu Land.

17.1 Zeichenketten verbinden

Es kann eine Herausforderung sein Zeichenketten miteinander zu verbinden. Sie trifft gerade dann auf wenn man evtl. eine Baumstruktur in einer XAML-TreeView anzeigen will und jedem Item einen absoluten Pfad geben will, so dass eine direkte Adressierung möglich wäre. Ob diese Idee an sich sinnvoll ist sei einmal dahingestellt, dieser Fall entstammt aus einem realen Industrieprojekt und man wunderte sich über die Performanceprobleme beim Laden eines solchen XAML-Control. Zeichenketten kann man auf unterschiedliche Weise miteinander verbinden. Listing 17.2 enthält eine Handvoll an Beispielen.

Listing 17.2: Möglichkeiten Zeichenketten zu verbinden

```
 1  class Program
 2  {
 3    static void Main(string[] args)
 4    {
 5      string s0 = string.Empty;
```

---

[2] docs.microsoft.com/en-us/dotnet/api/system.string.format

```
 6    string s1 = string.Empty;
 7    for (int i = 0; i < 10; ++i)
 8    {
 9        s0 = s0 + "abc";
10        s1 = s1 + 'a' + 'b' + 'c';
11    }
12
13    s0 = s1 = string.Empty;
14    for (int i = 0; i < 10; ++i)
15    {
16        s0 += "abc";
17        s1 += ('a' + 'b' + 'c');
18    }
19
20    s0 = s1 = string.Empty;
21    var sb = new System.Text.StringBuilder();
22    for (int i = 0; i < 10; ++i)
23        sb.Append("abc");
24    s0 = sb.ToString();
25    }
26  }
```

Variante #1   Die erste Variante befindet sich in Zeile 9. Hier wird im Vorfeld ein String-Objekt instanziiert welches den Operator + für eigene Bedürfnisse überschreibt und dadurch das „addieren" von Zeichenketten ermöglicht. Hierbei handelt es sich natürlich nicht um die mathematischen Addition, sondern um ein reines ermöglichen des klassischen Anwendungsfall zwei Dinge miteinander zu verbinden. In der Zeile danach wird die gleiche Möglichkeit für char-Werte verwendet. Die Verwendung ist sehr intuitiv und geht auch schnell von der Hand beim Programmieren.

Variante #2   Die zweite Variante in Zeile 16 ist eine Abart von Variante #1 und im Grunde nur eine Kurzform. Hier wird Anstatt $Operand1 + Operand2$ direkt die Zuweisungsvariablen links von Gleichheitszeichen als $Operand1$ genutzt und mit += der zweite Operand rechts von Gleichheitszeichen an den ersten Operanden angehängt.

Variante #3   In Zeile 23 wird eine völlig andere Technik verwendet. Hier wird im Vorfeld eine Instanz der StringBuilder-Klasse erstellt und mit der Hilfe zahlreicher Methoden kann der Inhalt dieses Objektes modifiziert werden.

Sie können jede Art der gezeigten Anwendungen verwendet. Sie sollten allerdings von Fall zu Fall entscheiden mit welcher Umsetzung Sie die eine oder andere Technik umsetzen wollen. Denn wie Abbildung 17.1 zeigt kann das Zeitverhalten sehr unterschiedlich sein. Der Grafikplot beinhaltet Messpunkte von jeweils 100.000 Text-Editierungen; also anstatt bis Zehn in den for-Schleifen im Listing 17.2 zu zählen wir bis zu einer Obergrenze von 100.000 iteriert. Bei genügend Iterationen kommt das Zeitverhalten auch eher zum Tragen als in kleinen Testanwendungen.

Tabelle 17.1: Einzelmessergebnisse für den Plot in Abbildung 17.1; die jeweiligen Messdaten sind in Millisekunden aufgeführt; jeder Durchlauf hatte 100.000 Iterationen

Durchlauf	str=str+"a"	str+="a"	sb.Append("a")
1	1314	1536	0.887
2	1265	1537	0.538
3	1265	1568	0.530
4	1280	1540	0.530
5	1273	1518	0.531
6	1312	1531	0.533
7	1234	1535	0.530
8	1281	1556	0.533
9	1270	1596	0.532
10	1251	1539	0.532

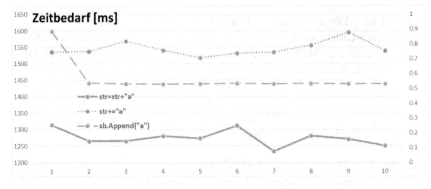

Abb. 17.1: Plot des Zeitverhaltens für unterschiedliche Mechanismen um Zeichenketten miteinander zu verbinden; die jeweiligen Messpunkte zeigen das Zeitverhalten für 100.000 Iterationen

Kapitel 18
Schleifen

Reime sind Schleifen an Cupidos Hose.

William Shakespeare

Ich selbst war von den Performanceunterschieden bei Schleifen überrascht. Aber doch, nach dem Umsetzen einer kleinen Testapplikation mit entsprechenden Laufzeitmessungen kann ich sagen: „Es gibt Unterschiede." Der erste Test verlief mit den drei Schleifenaufbauten aus dem Listing 18.1. Getestet wurden eine `for`-Schleife, eine `while`-Schleife und `do-while`-Schleife. Die jeweiligen Testläufe befinden sich in der eigentlichen Testapplikation natürlich jeweils in einer Methode, so dass es hier nicht zu Namenskonflikten mit den jeweiligen Variablen kommt, z.B. `c`. Diese sind nur vorhanden damit der C#-Compiler oder der JIT-Compiler nicht auf die kommen hier die entsprechenden Schleifenaufbauten zu entfernen da womöglich keine Anweisungen zum Ausführen vorhanden sind. Das Ergebnis möchte ich Ihnen nicht vorenthalten; dieses finden Sie in Abbildung 18.1. Die jeweiligen Messungen der Schleifen wurden mit zwei ineinander verschachtelten Schleifen umgesetzt. Die äußeren Schleifen iterieren bis einhundert, die inneren Schleifen bis 1.000.000, so dass wir Insgesamt jeweils 100.000.000 Iterationen haben. Sie denken sich wahrscheinlich das man solch eine Menge an Schleifen nicht benötigt, das mag sein, in diesem soll aber mehr ein Gefühl für bestimmte Teilbereiche der C#-Programmierung an den Tag gelegt werden. Zumal ineinander verschachtelte Schleifen Alltag sind, ich denke nur an die ganzen Techniken um Syntaxbäume oder Datenstrukturen aufzuschlüsseln, oder Lookup-Tabellen bei denen immer mit Schleifen gearbeitet wird.

Listing 18.1: Grundtests für die Gegenüberstellung von Schleifenaufbauten

```
1   /*
2    * for-Schleife
3    */
4   long c = 0;
5   for (int j = 0; j < secondIt; ++j)
6     for (int i = 0; i < innerIt; ++i)
7       ++c;
8
9   /*
10   * while-Schleife
11   */
12  long c = 0; int j = 0;
13
```

```
14    while (j < secondIt) {
15        int i = 0;
16        while (i < innerIt) {
17            ++c;
18            ++i;
19        }
20        ++j;
21    }
22
23    /*
24     * do-while-Schleife
25     */
26    long c = 0; int j = 0;
27
28    do {
29        int i = 0;
30        do {
31            ++c;
32            ++i;
33        } while (i < innerIt);
34        ++j;
35    } while (j < secondIt);
```

Wie in der Abbildung 18.1 kann die for-Schleife einen großen Teil langsamer
laufen als die anderen beiden Varianten. Die zum Plot gehörenden Messdaten sind
in Tabelle 18.1 aufgeführt. Es ist eindeutig zu erkennen das der Rechner „warm
läuft" und am Ende eine bessere Performance abliefert. Ich stelle hier diese These
auf, das der JIT-Compiler während der Laufzeit das Ausführverhalten ändert und
entsprechend weitere Optimierungen durchführen kann. Da der JIT-Compiler für
Windows 10 leider nicht zugänglich ist, kann ich diese These leider nicht weiter
behandeln.

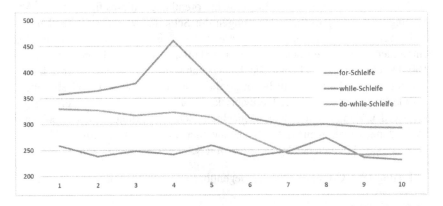

Abb. 18.1: for-, while- und do-while-Schleife Performanceunterschiede;
die jeweiligen Messdaten sind in Millisekunden aufgeführt; jeder Durchlauf hatte
100.000.000 Iterationen

Tabelle 18.1: Einzelmessergebnisse für den Plot in Abbildung 18.1; die jeweiligen Messdaten sind in Millisekunden aufgeführt; jeder Durchlauf hatte 100.000.000 Iterationen

Durchlauf	for-Schleife	while-Schleife	do-while-Schleife
1	358	259	329
2	365	238	327
3	378	248	317
4	461	241	323
5	388	259	313
6	311	238	274
7	297	247	243
8	299	273	243
9	293	235	240
10	292	231	241

18.1 Parallelisierung von Schleifen

In der Einleitung (vgl. Kapitel 1) haben wir schon die .Net-Möglichkeit von parallel ausführbaren Schleifen kennengelernt. Hierbei handelt es sich nicht um Sprachfeature von C# selbst, sondern um eine extern bereitgestellte Funktionalität aus den zwei .Net-Namensbereichen[1]:

• `System.Threading` und
• `System.Threading.Tasks`.

Für tieferegehende Erklärungen von parallel ausführbaren Prozesseren, die dazugehörigen Techniken und allgemeinen Probleme bzgl. Synchronisierung, Race Conditions, Deadlocks und anderen Themen wir nicht näher eingegangen, da dies um vielfaches den Rahmen dieses Buches sprengen würde. Hierzu konsultieren Sie bitte weitere Quellen [1, 6, 10, 15, 17].

Listing 18.2 enthält eine Messapplikation um den Unterschied für eine sequentielle und eine parallele Umsetzung zur Konvertierung von Bitmap-Dateien (BMP-Dateien) nach PNG-Dateien bezüglich der Performance gegenüberzustellen. Es werden zwei Messungen durchgeführt. Die erste Messmethode wird in Zeile 7 gestartet und führt den sequentiellen Teil aus. Die zweite Messung fängt in Zeile 23 an und enthält den Sourcecode für die parallele Ausführung. Der sequentielle Teil besitzt eine normale `foreach`-Schleife (vgl. Abschn. 9.5). Die zweite Variante besitzt eine Umsetzung auf Basis der *Task Parallel Library* (TPL)[2], hier mit `Parallel.ForEach()`.

Es gibt drei Arten eine Schleife parallel auszuführen: (a) `For`, (b) `ForEach`

---

[1] docs.microsoft.com/en-us/dotnet/standard/parallel-programming/

[2] docs.microsoft.com/en-us/dotnet/standard/parallel-programming

und (c) `Invoke`. `ForEach` finde ich „persönlich" am geeignetsten, zumindest habe ich diese Schleifenform fast in jeder Anwendung verwendet. Die Umsetzung dazu finden Sie ab Zeile 37. Die Verwendung dieser Schleife kann auf unterschiedliche Art erfolgen, sollten Sie die einfache Standardform wählen, so wird als erster Parameter eine Collection erwartet und als zweiter Parameter ein `Action-Delegate`[3]. In dieser Variante wird über die gesamte Collection iteriert und für jedes Item die entsprechende `Action` angewendet; bei einhundert Items würden das entsprechend viele Prozesse werden die dann allerdings auch verwaltet werden müssten – hierbei gilt es die allgemeinen Irrtümer aus Abschnitt 18.3 zu beachten. Im Gegensatz dazu kann man die Schleifenausführung mit der Hilfe eines sog. `Partitioner`[4] seinen Bedürfnissen anpassen. Diesen verwenden wir ab Zeile 36.

Mit der Hilfe von einem Partitioner kann die Arbeitslast in der Schleife angepasst werden. Somit können kleine Arbeitspakete zusammengestellt werden, wenn zum Beispiel die Erstellung von Prozessen aufwendiger wäre als die Arbeit in diesem Prozess selbst, dann sollte man die Menge der Arbeit erhöhen, so dass es hier auch sinnvoll wird einen Prozess zu erzeugen. Wenn Sie einen Mehrkernprozessor mit acht Kernen besitzen, so kann es mehr als sinnvoll sein eine teilbare Schleife auf acht oder mehr Arbeitsprozesse aufzuteilen. Natürlich sollten die entsprechenden Prozesse tatsächlich nicht zueinander abhängig sein, was so viel bedeutet, dass im Idealfall keiner der Prozesse auf ein Ergebnis der anderen Prozesse warten muss; falls dies doch erforderlich ist, dann muss dies natürlich entsprechend gehandhabt werden. In unserem Beispiel legen wir die Anzahl der Prozesse auf den Wert Zehn fast (s. Zeile 31); diesen Wert könnten Sie auch direkt an die Anzahl der Kerne des Prozessors binden, dafür könnte `Environment.ProcessorCount` herangezogen werden. Unsere Bilddateien liegen in einem festen Verzeichnis[5]. Wir ermitteln in Zeile 34 die Anzahl der Bilddateien in diesem bestimmten Ordner um daraufhin die Anzahl der Arbeiten in einem Prozess zu kalkulieren. Mit `Partitionet.Create()` wird nun die gewünschte Unterteilung der Arbeit erstellt. In Zeile 36 wird somit ein Partitioner erstellt der alle Bilddateien verwendet, also von 0 nach `bmpFiles.Length` und diese dann in kleine Häppchen mit einer jeweiligen Länge von `splitLength` unterteilt. Dieser Partitioner wird daraufhin beim Aufruf der Parallelschleife verwendet.

`Parallel.ForEach()` erwartet in unserem Fall den soeben erstellten Partitioner und als zweiten Parameter eine `Action`. In unserem Beispiel ist der erste Parameter der `Action` vom Typ `Tuple<int,int>`[6] und enthält für jeden Einzelprozess der maximal zehn Prozess die entsprechenden Grenzen die vom

---

[3] docs.microsoft.com/en-us/dotnet/api/system.action-1

[4] docs.microsoft.com/en-us/dotnet/api/system.collections.concurrent.partitioner-1

[5] Eine entsprechende Anzahl an Testdateien können Sie bei Microsoft beziehen. Hierzu laden Sie sich das Icon-Paket für VisualStudio 2013/2015/2017 von den offiziellen Webseiten: www.microsoft.com/en-us/download/details.aspx?id=35825

[6] docs.microsoft.com/en-us/dotnet/csharp/tuples

Partitioner vorgegeben werden. Also bei einer Splitlänge von zehn wären dies
beispielsweise: $0 \rightarrow 9$ oder $30 \rightarrow 39$.

Listing 18.2: Beispielanwendung mit `Parallel.ForEach()`

```
1   private static void TestParallelLoops ()
2   {
3       var testfiles = @"Testdata\Testdata-Parallel.ForEach";
4       var testfilesResultDir = @"Testdata\Testdata-Parallel.ForEach-Result";
5
6       Action fncClearDir = () => {
7           var oldFiles = Directory.GetFiles(testfilesResultDir, "*.*");
8           foreach (var p in oldFiles)
9               File.Delete(p);
10      };
11
12      int noOfFiles = Directory.GetFiles(testfiles, "*.*").Length;
13
14      fncClearDir();
15
16      var res01 = Instance.Measure(
17          $"foreach-Schleife '{noOfFiles} Dateien, Einzelthread'", () => {
18          var bmpFiles = Directory.GetFiles(testfiles, "*.bmp");
19          foreach (var path in bmpFiles)
20          {
21              Bitmap inBmp = new Bitmap(path);
22              string fname = Path.GetFileNameWithoutExtension(path);
23              string outPng = Path.Combine(testfilesResultDir, fname + ".png");
24              inBmp.Save(outPng, ImageFormat.Png);
25          }
26      });
27      res01.SaveCsv(@"..\..\04 - forParallelA.csv");
28
29      fncClearDir();
30
31      var splits = 10;
32      var res02 = Instance.Measure(
33          $"Parallel.foreach-Schleife '{noOfFiles} Dateien, {splits} Threads'",
                () => {
34          var bmpFiles = Directory.GetFiles(testfiles, "*.bmp");
35          int splitLength = (int)bmpFiles.Length / splits + 1;
36          var rangePartitioner = Partitioner.Create(0, bmpFiles.Length, splitLength
                );
37          Parallel.ForEach(rangePartitioner, (range, loopState) => {
38              for (long j = range.Item1; j < range.Item2; ++j)
39              {
40                  var path = bmpFiles[j];
41                  Bitmap inBmp = new Bitmap(path);
42                  string fname = Path.GetFileNameWithoutExtension(path);
43                  string outPng = Path.Combine(testfilesResultDir, fname + ".png");
44                  inBmp.Save(outPng, ImageFormat.Png);
45              }
46          });
47      });
48      res02.SaveCsv(@"..\..\05 - forParallelB.csv");
49
50      fncClearDir();
51  }
```

Nach der Ausführung der Applikation ergibt sich der Plot aus Abbildung 18.2,
der entsprechende Speedup von der Parallelausführung gegenüber der sequentiellen Ausführung liegt bei ca. drei bis vier. Die entsprechenden Messergebnisse sind
in Tabelle 18.2 aufgeführt. Wie immer wurden mehrere Durchläufe gemacht, so
dass eine Tendenz ersichtlich werden. Es handelt sich also um keine zufällige Ver-

Tabelle 18.2: Einzelmessergebnisse für den Plot in Abbildung 18.2; die jeweiligen Messdaten sind in Millisekunden aufgeführt; in jedem Durchlauf wurden 1252 Bitmap-Dateien zu PNG-Dateien umgewandelt; die parallele Ausführung ist in diesem Szenario der klare Gewinner

Durchlauf	foreach-Schleife '1252 Dateien, Einzelthread'	Parallel.foreach-Schleife '1252 Dateien, 10 Threads'
1	5274	1791
2	5122	2301
3	5115	2132
4	5899	2629
5	5510	1358
6	6587	2437
7	6328	1347
8	6101	2871
9	5826	1331
10	5954	1618

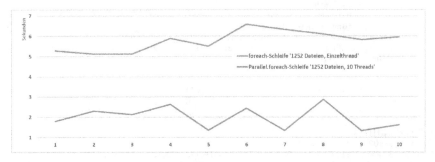

Abb. 18.2: Plot des Zeitverhaltens für die Konvertierung von BMP-Dateien nach PNG-Dateien einmal als sequentielle Abarbeitung in einem Einzelthread (Single-Thread) gegenüber der parallelen Verarbeitung mit zehn unterschiedlichen Threads/Tasks

besserung, sondern um eine korrekte Verteilung der Last auf unterschiedliche Prozessorkerne. Dies Ausführung der Messung fand auf einem Acht-Kernprozessor statt.

18.2 Parallel.Invoke()

Anstatt der Variante mit Parallel.ForEach() und der Verwendung von Partitioner zur Parallelisierung einer Schleife kann auch alles selbst in die Hand genommen werden, dies ist mit Parallel.Invoke() möglich. Diese

Technik erwartet als Parameter eine Liste von `Action`-Instanzen die dann jeweils in einem Thread/Task ausgeführt werden. Die zugrundeliegende Applikationslogik zum Konvertieren der Bilddateien ist identisch, doch wir kümmern uns selbst um die Aufteilung der entsprechenden Arbeitspakete. Listing 18.3 enthält die Abwandlung aus dem Sourcecode des vorherigen Abschnitts. Die wichtigsten Anpassungen sind in Zeile 7 und Zeile 23. Bei der ersten Anpassung reservieren wir ein Array für `Action`-Instanzen, die in den nachfolgenden Zeilen erstellt werden und die zweite Anpassung ruft alle diese `Action`-Instanzen auf. Die zeitverhalten ist nahezu dem zuvor gezeigten Ansatz ähnlich. Der größere Vorteil an dieser Variante ist allerdings, dass hier die entsprechenden parallel auszuführenden Arbeitspakete nicht auf den gleichen Eingabedaten arbeiten müssen.

Listing 18.3: Beispielanwendung mit `Parallel.Invoke()`

```
1   var res03 = Instance.Measure(
2       $"Parallel.Invoke '{noOfFiles} Dateien, {splits} Threads'", () => {
3       var bmpFiles = Directory.GetFiles(testfiles, "*.bmp");
4       int splitLength = (int)bmpFiles.Length / splits + 1;
5       int n = bmpFiles.Length;
6
7       Action[] acts = new Action[splits];
8       for (int idx =0, i = 0; i < n; i += splitLength, ++idx)
9       {
10          int start = i, last = i + splitLength;
11          acts[idx] = () => {
12              for (long j = start; j < last; ++j)
13              {
14                  if (j >= n) continue;
15                  var path = bmpFiles[j];
16                  Bitmap inBmp = new Bitmap(path);
17                  string fname = Path.GetFileNameWithoutExtension(path);
18                  string outPng = Path.Combine(testfilesResultDir, fname + ".png");
19                  inBmp.Save(outPng, ImageFormat.Png);
20              }
21          };
22      }
23      Parallel.Invoke(acts);
24  });
```

18.3 Irrtümer der Schleifenparallelisierung

Man muss es ganz klar sagen und es sollte jedem bewusst sein, nur, weil eine Schleife als „parallel ausführbar" implementiert wurde, heißt dies nicht, dass diese auch parallel ausgeführt wird oder unbedingt einen positiven Speedup bringt. Es kann sogar dazu führen das die Ausführung verlangsamt wird, dies hängt immer von der auszuführenden Anwendungslogik ab. Microsoft selbst warnt vor den allgemeinen Fallstricken in die jeder einmal reinfallen wird[7] [17]. Nachfolgend meine persönlichen Top-Fünf-Problemfälle in welche ich selbst auch schon öfter reingefallen bin:

---

[7] docs.microsoft.com/en-us/dotnet/standard/parallel-programming/potential-pitfalls-in-data-and-task-parallelism

Parallel ist nicht immer schneller Eine Variable hundert Million mal hochzu-
zählen ist weniger aufwendig als hundert Millionen Dateien einzulesen. Im
ersten Fall ist eine Parallelisierung mehr als fragwürdig.

Vermeidung der Nutzung von geteilten Speicherstellen Es besteht im Regel-
fall kein Problem damit in sequentiellen Anwendungslogik – z.B. dem Verän-
dern einer Variablen – einen gemeinsamen Speicherplatz zu verwenden. Wenn
allerdings parallele Prozesse gemeinsame Variablen verwenden, dann kann es
zu sog. **Race Conditions** [7] kommen und zu fehlerhaften Endergebnisse. Ty-
pisches Beispiel ist hier das Buchen von Werten auf ein/von einem Bankkonto.
Die Nutzung von gemeinsamen Speicherstellen muss synchronisiert bzw. abgesichert werden.

Vermeidung von „Überparallelisierung" Parallelisierung kann oft auch nur
dann wirklich einen Speedup bringen, wenn die Anwendungslogik tatsächlich
parallel ausgeführt werden kann, d.h. ein Prozessor der nur einen CPU-Kern
besitzt ist i.d.R. weniger geeignet als ein Multikern-Prozessor.

Vermeidung von nicht „Thread geeigneten" Methoden Wenn Methoden intern den Status einer Klasse ändern, so würde der Aufruf dieser Methoden in
parallelisierten Anwendungslogik bin hundert prozentiger Wahrscheinlichkeit
früher oder später zu falschen Abläufen oder Ergebnissen führen. Dieser Fall-
strick ähnelt der Vermeidung von geteilten Speicherstellen.

User Interface (UI) nicht blockieren Benutzer sind es gewöhnt und dürfen es
auch erwarten, dass eine Applikation nicht blockiert und in jedem Fall noch
weiter bedient werden kann. Dies führt zu der Regel das größere Anwendungs-
logiken bei Bedarf in einen Thread oder Task ausgelagert werden sollten. Dann
wird die Anwendungslogik im Hintergrund ausgeführt und die UI kann das Ergebnis nach Fertigstellung anzeigen, ebenso kann dann auch eine Fortschritts-
anzeige realisiert werden.

Kapitel 19
Zeitaufwand bei Collections

Wenn man sich nicht unter Kontrolle hat,
dann geht man zumeist zu weit.

Unbekannt

Wir untersuchen drei von den sechs vorgestellten Collections aus Abschnitt 10.2. Das Verhalten ist nicht sehr unterschiedlich zu den ausgewählten Collections, diese sind List<T> (s. Abschn. 19.1), HashSet<T> (s. Abschn. 19.2) und Dictionary<TKey,TValue> (s. Abschn. 19.3).

Die jeweiligen Messmethoden der einzelnen Untersuchungen sind im Ansatz identisch. Hierzu finden Sie in Listing 19.1 eine exemplarische Umsetzung die nur für die jeweiligen anderen Tests angepasst werden muss. Zum Beginn wird immer eine Ergebnisliste erzeugt die dann am Ende die Messergebnisse enthält, dies geschieht hier in Zeile 5 mit der Instanziierung von Measurement-ResultList. Danach folgt die Instanziierung einer Instanz des entsprechenden Collection-Typs, hier z.B. List<int> mit einer vorreservierten Kapazität von 2*innerIt. In der for-Schleife ab Zeile 7 werden dann soviele Iterationen durchgeführt wie für die Messung gewünscht sind. Der Aufruf Utils.Instance().Measure erwartet eine Action die wiederum die eigentliche Logik enthält, die gemessen werden soll, in diesem Fall das Hinzufügen einer Ganzzahl zur Collectioninstanz listOfInts. Die Messung liefert ein Objekt vom Typ MeasurementResult zurück welches dann in der Ergebnisliste hinzugefügt wird. Am Ende werden die Ergebnisse in einer CSV-Datei abgespeichert, so dass diese mit Microsoft Excel untersucht werden können.

Listing 19.1: Grundaufbau der Analyse von Collections in diesem Kapitel

```
1   static void TestList()
2   {
3     var innerIt = (int)Instance.InnerIt;
4
5     var res01 = new MeasurementResultList("List<int>.Add()", innerIt);
6     var listOfInts = new List<int>(2 * innerIt);
7     for (int i = 0; i < innerIt; ++i)
8     {
9       var res = Utils.Instance().Measure(() => listOfInts.Add(i));
10      res01[i] = res;
11    }
12    res01.SaveCsv(@"..\..\01 - List int - Add.csv");
13
```

```
14    [..snap..]
15    }
```

19.1 List<T> → Add() und Contains()

Erinnern wir uns um welchen Collection-Typ es sich bei List<T> handelt und wie dieser arbeitet. Beim Hinzufügen wird an eine schon vorhandene Liste das neue Item angehängt, somit wächst die Liste nach hinten weg. Füge ich zehn Items hinzu, so werden diese Items in der Reihenfolge wie ich Add() aufrufe angehängt und behalten somit auch Ihre entsprechende Reihenfolge. D.h. um ein Item hinzuzufügen muss intern nur das Ende immer als Referenzwert vorgehalten werden um dann direkt hinten ein Element dranzuhängen; dies sollte sehr performant sein. Wie in Abbildung 19.1 zu sehen ist das Hinzufügen gleichbleibend hoch performant; hier wird es so gut wie nie ein Problem bzgl. der Performance geben, eher bzgl. der Speicherauslastung, wenn zu viele Items hinzugefügt werden und entsprechend der Heap nicht mehr genügend freien Speicher zur Verfügung hat.

Im Kontrast dazu steht die Suche nach einem Item in der Liste mit Contains(). Um zu prüfen ob ein entsprechendes Item vorhanden ist müssen *alle* Items geprüft werden, sobald ein entsprechendes Item gefunden wird kann die Suche abgebrochen werden. Im schlimmsten Fall müssen immer alle Items geprüft werden, wenn z.B. das zu suchende Element immer am Ende der Liste vorhanden ist.

In Summe handelt es sich bei List<T> um eine sehr schnelle Collection die sich *linear* verhält; wie in Abbildung 19.2 leicht zu erkennen ist. Mit zunehmender Anzahl an Items, bei der Suche oder dem Löschen (da im Vorfeld gesucht werden muss), sich entsprechend gleichbleibend im Zeitverhalten anpasst.

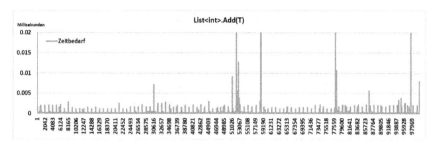

Abb. 19.1: Das Hinzufügen von Items an `List<T>` ist gleichbleibend sehr perfor-mant; unabhängig davon wie viele Items schon in der Liste sind; die zu sehenden Peaks könnten `GC.Collect()`-Aufrufe sein

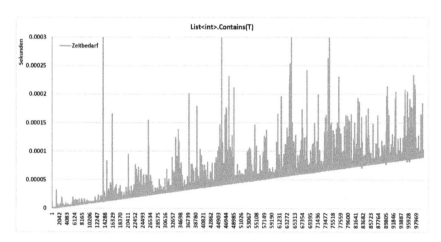

Abb. 19.2: Das Suchen von Items in der Collection `List<T>` verhält sich *linear* mit der Anzahl der Items die in der Collection vorhanden sind

19.2 HashSet<T> → Add() und Contains()

Der Collection-Typ HashSet<T> ist für schnelle Bearbeitungen konzipiert worden, weshalb das Ergebnis am Ende nicht verwundern sollte, sondern eher zu erwarten ist. In Abbildung 19.3 wurden 100.000 Items hinzugefügt, bis auf die einzelnen Peaks hat das Hinzufügen weit weniger als 0,01 Millisekunden benötigt. Die Peaks lassen sich durch das Erweitern der internen Hashlistengröße erklären, die basierend auf Primzahlen entsprechende Größen nutzt. Betrachten wir die Peaks und die nachfolgenden Primzahlen (s. Listing 19.2) aus der .NET Framework-Implementierung der HashHelpers-Klasse [1] so kann man eine Korrelation erkennen. Jeder Peak entspricht einer Primzahl, wir sehen folgende Werte: 4049, 17519, 36353 und 75431.

Das Suchen von Einträgen ist ebenso sehr schnell. Abbildung 19.4 verdeutlicht recht einfach das auch hier das Suchen i.d.R. keine Performanceprobleme bereiten sollte.

Listing 19.2: Primzahl Lookup-Tabelle für HashSet<T>

```
1   public static readonly int[] primes = {
2      3, 7, 11, 17, 23, 29, 37, 47, 59, 71, 89, 107, 131, 163, 197,
3      239, 293, 353, 431, 521, 631, 761, 919, 1103, 1327, 1597, 1931,
4      2333, 2801, 3371, 4049, 4861, 5839, 7013, 8419, 10103, 12143,
5      14591, 17519, 21023, 25229, 30293, 36353, 43627, 52361, 62851,
6      75431, 90523, 108631, 130363, 156437, 187751, 225307, 270371,
7      324449, 389357, 467237, 560689, 672827, 807403, 968897, 1162687,
8      1395263, 1674319, 2009191, 2411033, 2893249, 3471899, 4166287,
9      4999559, 5999471, 7199369
10  };
```

---

[1] referencesource.microsoft.com/#mscorlib/system/collections/hashtable.cs

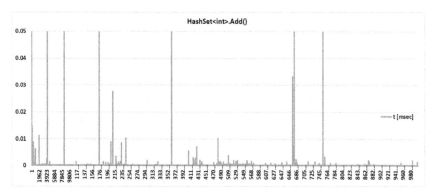

Abb. 19.3: Das Hinzufügen von neuen Items zu einem HashSet<T> benötigt kontinuierlich weit unter 0,01 Millisekunden; es darf davon auszugehen sein das ein HashSet<T> in der Regel keine Performanceprobleme macht

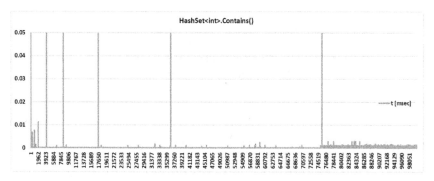

Abb. 19.4: Das Suchen von Einträgen geht dank der Verwendung von Hashwerten (s. Abschn. 19.2) sehr schnell und dauert in der Regel auch nicht länger als das entsprechende Hinzufügen und benötigt weit unter 0,01 Millisekunden

19.3 `Dictionary<T>` $\rightarrow$ `Add()` und `Contains*()`

`Dictionary`-Instanzen benötigen zwei Dinge um Einträge zu verwaltenden:

1. einen Schlüssel (sog. *Key*) und
2. einen entsprechenden Wert (sog. *Value*) der verwaltet werden soll.

Der Key wird intern wie bei einem `HashSet<T>` als Hashwert vorgehalten, somit verhält sich das Hinzufügen, Suchen und Finden von Einträgen über den Key auch ähnlich performant. Abbildung 19.5 und Abbildung 19.6 verdeutlichen dies anschaulich. Das Hinzufügen von neuen Einträgen erfordert in fast allen Fällen nicht einmal $0,005$ Millisekunden, das Suchen verhält sich ähnlich schnell. Die einzelnen Ausreißer sind in der Regel wieder `GC.Collect()`-Aufrufe die kurzzeitig die Performance beinträchtigen.

Das `Dictionary` ermöglicht aber auch einen Wert zu suchen, dafür steht die Methode `ContainsValue()` bereit die bei Erfolg `true` liefert, ansonsten `false`. Der Zeitbedarf in Abbildung 19.7 ist linear, .d.h. je mehr Einträge im `Dictionary` vorhanden sind, desto länger dauert das Suchen nach einem Eintrag. Wieso dies so ist kann direkt im Referenz-Sourcecode[2] nachgeschaut werden. Die entsprechenden Zeilen habe ich einmal ausgearbeitet und in Listing 19.3 aufgeführt.

Beim Aufruf von `ContainsValue()` wird geprüft ob auf einen Wert ungleich `null` geprüft werden soll; wird `null` gesucht, dann geht das auch flott da dieser Teil nur alle Werte auf `null` prüft und beim ersten Vorkommen abbricht – das verläuft linear. In den konkreteren Fällen sieht die Sachlage ein wenig anders aus. Zum Beginn der Suche wird ein Vergleicher erstellt, diese basiert auf dem Typen der Werte in einem `Dictionary`. Die Standardimplementierung sieht einen `EqualityComparer` vor (also ein auf Gleichheit prüfender Vergleicher) und dieser wird vom Typ der Werte erfragt. D.h. auch, sollten Sie einen eigenen Typen entworfen haben, z.B. in Form einer Klasse, dann könnten Sie entsprechende eigene Vergleicher anbieten und nutzen. Hinter `.Default` verbirgt sich eine statische Klasseneigenschaft mit einem *Getter* und dieser liefert eine fertige Instanz eines Vergleichers der dann in Zeile 14 zum Aufruf von `Equals()` genutzt wird. Die Implementierung von `Equals()` das in unserer Messung genutzt wird ist die Variante in Zeile 24. Entsprechend der Typen wird dann geprüft ob sich die jeweiligen Objekte gleichen; hierbei ist es von den Implementierungen der Typen abhängig welche Prüfungen durchgeführt werden. Das dieser Mechanismus relativ teuer ist zeigt uns eine einfache Messung.

In Listing 19.4 werden zwei Vergleichsmöglichkeiten gegenübergestellt. In der Methode `M1()` wird in Zeile 14 der vorgestellte `EqualityComparer` verwendet, in der zweiten Methode `M2()` wird in Zeile 28 hingegen eine direkte Prüfung

---

[2] referencesource.microsoft.com/#mscorlib/system/collections/generic/dictionary.cs

auf Gleichheit mit dem Vergleichsoperator == durchgeführt. Für beide Varianten werden ausreichend viele Iterationen durchgeführt und eine klare Tendenz zu erkennen; das Ergebnis ist eindeutig.

Equals()   8562 Millisekunden
==   1779 Millisekunden

Die einfache Variante mit dem Vergleichsoperator ist etwa um einen Faktor von fünf schneller. Im Ergebnis kann man nur davon abraten in `Dictionary` über den Wert zu suchen. Dafür bietet sich dann eher eine `Hashtable` an[3].

Listing 19.3: Pseudocode aus den C#-Referenzen für `ContainsValue()`

```
1   #region Dictionary <TKey,TValue>
2   public bool ContainsValue(TValue value)
3   {
4     if (value == null)
5     {
6       // [..snap.. - nicht relevant]
7     }
8     else
9     {
10      var c = EqualityComparer <TValue>.Default;
11      for (int i = 0; i < count; i++)
12      {
13        if (entries[i].hashCode >= 0
14          && c.Equals(entries[i].value, value))
15          return true;
16      }
17    }
18
19    return false;
20  }
21  #endregion
22
23  #region EqualityComparer <T>
24  bool IEqualityComparer.Equals(object x, object y)
25  {
26    if (x == y) return true;
27    if (x == null || y == null) return false;
28    if ((x is T) && (y is T)) return Equals((T)x, (T)y);
29    return false;
30  }
31  #endregion
32
33  #region EqualityComparer <T>
34  static readonly EqualityComparer <T> defaultComparer = CreateComparer();
35
36  public static EqualityComparer <T> Default { get {
37    Contract.Ensures(Contract.Result<EqualityComparer <T>>() != null);
38    return defaultComparer;
39    }
40  }
41
42  #endregion
```

Listing 19.4: Performanceunterschied von `Equals()` und ==

```
1   using System;
```

---

[3] docs.microsoft.com/en-us/dotnet/api/system.collections.hashtable

```
2    using System.Collections.Generic;
3    using System.Diagnostics;
4
5    class Program
6    {
7      private static long Runs = 1000000000;
8
9      static void M1()
10     {
11       var sw = new Stopwatch(); sw.Start();
12       for (long i = 0; i < Runs; ++i) {
13         int a = 10, b = 15;
14         var cmp = EqualityComparer<int>.Default;
15         var res = cmp.Equals(a, b);
16       }
17       sw.Stop();
18       Console.WriteLine("#1 {0}", sw.ElapsedMilliseconds);
19     }
20
21     static void M2()
22     {
23       var sw = new Stopwatch();
24       sw.Start();
25       for (long i = 0; i < Runs; ++i)
26       {
27         int a = 10, b = 15;
28         var res = a == b;
29       }
30       sw.Stop();
31       Console.WriteLine("#3 {0}", sw.ElapsedMilliseconds);
32     }
33
34     static void Main()
35     {
36       M1(); M2();
37       Console.ReadLine();
38     }
39   }
```

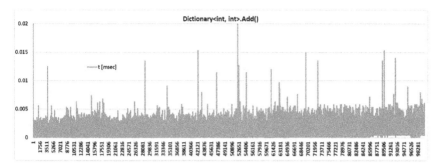

Abb. 19.5: Das Hinzufügen von neuen Einträgen ist sehr performant; die jeweiligen Hinzufügzeiten liegen in der Regel unterhalb von 0,005 Millisekunden

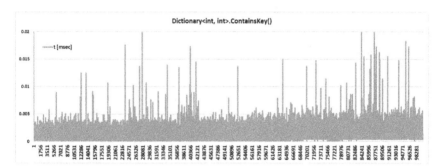

Abb. 19.6: Das Suchen und Finden von Einträgen geschieht über Hashwerte wie beim HashSet<T> womit diese Zugriffsart ähnlich performant ist; die jeweiligen Zugriffszeiten liegen in der Regel unterhalb von 0,005 Millisekunden

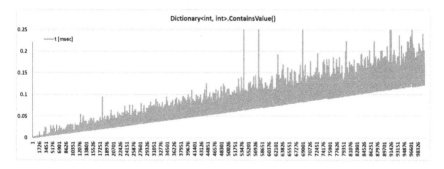

Abb. 19.7: Je mehr Einträge desto länger dauert das Suchen danach; ContainsValue() hat einen linearen Zeitverlauf und ist somit zwar kalkulierbar, allerdings auch störender bei der Nutzung in höher performanten Anwendungen

Teil IV
Anhang

Messumgebung und Messwerkzeuge

Nachfolgend finden Sie die C#-Implementierungen von einigen Klassen und Methoden quer durch dieses Buch verwendet werden. Dies soll für Sie eine Referenzimplementierung sein, aber auch eine Chance die Messergebnisse mit Ihren eigenen Messergebnissen zu vergleichen. Einige der hier implementierten Funktionalitäten benötigen Bibliotheken die Sie bei VisualStudio mit dem NuGet-Paketverwaltungssystem problemlos nachinstallieren können, dazu zählt:

Newtonsoft.Json   Version 11 oder höher; „Json.NET is a popular high-performance JSON framework for .NET"[4]

Listing 19.5: Implementierung von `Utils`

```
1   using System;
2   using Newtonsoft.Json.Linq;
3
4   public class Utils {
5     private static Utils _utils;
6     public static void Reset() {
7       _utils = null;
8     }
9
10    public static Utils Instance(long outerIterations = 10, long innerIteration
          = 1000000) {
11      if (_utils != null) return _utils;
12      _utils = new Utils {
13        _outerIt = outerIterations,
14        _innerIt = innerIteration
15      };
16      return _utils;
17    }
18
19    private readonly System.Diagnostics.Process _currentProcess;
20    public System.Diagnostics.Process CurrentProcess => _currentProcess;
21
22    private long _outerIt, _innerIt;
23    public long OuterIt {
24      get => _outerIt;
25      set => _outerIt = value + 1;
```

---

[4] www.nuget.org/packages/Newtonsoft.Json

```
26     }
27
28     public long InnerIt {
29       get => _innerIt;
30       set => _innerIt = value + 1;
31     }
32
33     public long VirtualMemory => _currentProcess.VirtualMemorySize64;
34     public long GcTotalMemory => GC.GetTotalMemory(true);
35
36     private Utils() {
37       _currentProcess = System.Diagnostics.Process.GetCurrentProcess();
38     }
39
40     public JObject GetMemory() {
41       _currentProcess.Refresh();
42
43       return new JObject {
44         ["virtual"] = VirtualMemory,
45         ["gcTotalMemory"] = GcTotalMemory
46       };
47     }
48
49     public MeasurementResult Measure(Action act) {
50       var sw = StopWatch.Create();
51       sw.Start();
52       act?.Invoke();
53       sw.Stop();
54       return new MeasurementResult(sw);
55     }
56
57     public MeasurementResultList Measure(string name, Action act, bool
           doGcCleanup = true) {
58       var res = new MeasurementResultList(name, OuterIt);
59       for (int jj = 0; jj < OuterIt; ++jj) {
60         var before = GetMemory();
61         res[jj] = Measure(act);
62         res[jj].MemoryUsageBefore = before;
63         res[jj].MemoryUsageAfter = GetMemory();
64         if (doGcCleanup) CleanupGarbageCollector();
65       }
66       return res;
67     }
68
69     public static void CleanupGarbageCollector(object anyObject = null) {
70       try {
71         GC.Collect(0, GCCollectionMode.Forced);
72         GC.Collect(1, GCCollectionMode.Forced);
73         GC.Collect(2, GCCollectionMode.Forced);
74         if (anyObject != null)
75           GC.SuppressFinalize(anyObject);
76       } catch (Exception ex) {
77         Console.WriteLine("Oops: {0}", ex.Message);
78       }
79     }
80 }
```

Listing 19.6: Implementierung von `StopWatch`

```
1   using System;
2   using System.Diagnostics;
3
4   public static class StopWatchExtensions {
5     public static StopWatch Reset(this StopWatch sw) {
6       sw.Start();
```

```
 7        return sw;
 8      }
 9    }
10
11    public class StopWatch {
12      private readonly Stopwatch _sw;
13      public string Name { get; set; }
14
15      public static StopWatch Create() {
16        StopWatch instance = new StopWatch();
17        instance.Start();
18        return instance;
19      }
20
21      public StopWatch(string name = "") {
22        Name = name;
23        _sw = new Stopwatch();
24      }
25
26      public void Start() {
27        if (_sw != null) {
28          _sw.Reset();
29          if (!_sw.IsRunning)
30            _sw.Start();
31        }
32      }
33
34      public void Stop() {
35        if (_sw != null)
36          _sw.Stop();
37      }
38
39      public string Show(string fmt, params object[] args) {
40        string m = string.Format("<StopWatch{4}{0}> Time({1})   Milliseconds({2})
                Ticks({3})",
41          string.Format(fmt, args),
42          Elapsed, ElapsedMilliseconds, ElapsedTicks,
43          !string.IsNullOrEmpty(Name) ? string.Format(" [{0}] ", Name) : " ");
44        return m;
45      }
46
47      public TimeSpan Elapsed {
48        get {
49          if (_sw != null)
50            return _sw.Elapsed;
51          return TimeSpan.Zero;
52        }
53      }
54
55      public long ElapsedMilliseconds {
56        get {
57          if (_sw != null)
58            return _sw.ElapsedMilliseconds;
59          return 0;
60        }
61      }
62
63      public long ElapsedNanoseconds => ElapsedMilliseconds * 1000000;
64
65      public long ElapsedTicks {
66        get {
67          if (_sw != null)
68            return _sw.ElapsedTicks;
69          return 0;
70        }
71      }
72    }
```

Listing 19.7: Implementierung von `MeasurementResult`

```
1   using System;
2   using Newtonsoft.Json.Linq;
3
4   public class MeasurementResult {
5     public MeasurementResult(StopWatch sw) {
6       Elapsed = sw.Elapsed;
7       ElapsedMilliseconds = sw.ElapsedMilliseconds;
8       ElapsedNanoseconds = sw.ElapsedNanoseconds;
9       ElapsedTicks = sw.ElapsedTicks;
10    }
11
12    public TimeSpan Elapsed { get; set; }
13    public long ElapsedMilliseconds { get; set; }
14    public long ElapsedNanoseconds { get; set; }
15    public long ElapsedTicks { get; set; }
16    public JObject MemoryUsageBefore { get; set; }
17    public JObject MemoryUsageAfter { get; set; }
18
19    public long GcBefore { get; set; }
20    public long GcAfter { get; set; }
21  }
```

Listing 19.8: Implementierung von `MeasurementResultList`

```
1   using System;
2   using System.Collections.Generic;
3   using System.Linq;
4   using System.Text;
5
6   public class MeasurementResultList : List<MeasurementResult> {
7     public MeasurementResultList(string name, long capacity) {
8       Name = name;
9       Capacity = (int)capacity;
10      for (int i = 0; i < capacity; ++i)
11        Add(null);
12      Console.WriteLine("Initialized: " + name);
13    }
14
15    public string Name { get; set; }
16    public long[] GetElapsedTicks() {
17      return MeasurementResultExtensions.GetElapsedTicks(this);
18    }
19
20    public long Median => (long)GetElapsedTicks().GetMedian();
21    public long Average => (long)GetElapsedTicks().Average();
22    public long Max => (long)GetElapsedTicks().Max();
23    public long Min => (long)GetElapsedTicks().Min();
24
25    public string ToCsv() {
26      var sb = new StringBuilder();
27      string memA = "VirtualMemory (before) ; (after) ; (delta) ";
28      string memB = "GcTotalMemory (before) ; (after) ; (delta) ";
29      sb.AppendFormat("{0};t [msec]; Ticks;{1};{2}\r\n", Name, memA, memB);
30      for (int i = 0; i < Count; ++i) {
31        var it = this[i];
32        if (it == null) continue;
33        sb.AppendFormat("{0};{1};{2};{3};{4};{5};{6};{7};{8}\r\n",
34          i,
35          it.Elapsed.TotalMilliseconds,
36          it.ElapsedTicks,
37          it.MemoryUsageBefore != null ? it.MemoryUsageBefore["virtual"] : 0,
```

```
38        it.MemoryUsageAfter != null ? it.MemoryUsageAfter["virtual"] : 0,
39        it.MemoryUsageAfter != null
40            ? (long)it.MemoryUsageAfter["virtual"] - (long)it.MemoryUsageBefore
                  ["virtual"] : 0,
41        it.MemoryUsageBefore != null ? it.MemoryUsageBefore["gcTotalMemory"]
              : it.GcBefore,
42        it.MemoryUsageAfter != null ? it.MemoryUsageAfter["gcTotalMemory"] :
              it.GcAfter,
43        it.MemoryUsageAfter != null && it.MemoryUsageBefore != null
44            ? (long)it.MemoryUsageAfter["gcTotalMemory"] - (long)it.
                  MemoryUsageBefore["gcTotalMemory"]
45            : it.GcAfter - it.GcBefore
46      );
47    }
48    return sb.ToString();
49  }
50 }
```

Listing 19.9: Implementierung von `MeasurementResultExtensions`

```
1  using System;
2  using System.Linq;
3
4  public static class MeasurementResultExtensions {
5    public static bool SaveCsv(this MeasurementResultList results, string path)
          {
6      try {
7        if (results == null) return false;
8        if (string.IsNullOrEmpty(path)) return false;
9        System.IO.File.WriteAllText(path, results.ToCsv());
10       return true;
11     } catch (Exception ex) {
12       Console.WriteLine("Save failed: {0}", ex.Message);
13       return false;
14     }
15   }
16
17   public static TimeSpan[] GetElapsed(this MeasurementResultList results) {
18     var n = results.Count;
19     var values = new TimeSpan[n];
20     for (int i = 0; i < n; ++i)
21       values[i] = results[i].Elapsed;
22     return values;
23   }
24
25   public static long[] GetElapsedMilliseconds(this MeasurementResultList
          results) {
26     var n = results.Count;
27     var values = new long[n];
28     for (int i = 0; i < n; ++i)
29       values[i] = results[i].ElapsedMilliseconds;
30     return values;
31   }
32
33   public static long[] GetElapsedNanoseconds(this MeasurementResultList results
          ) {
34     var n = results.Count;
35     var values = new long[n];
36     for (int i = 0; i < n; ++i)
37       values[i] = results[i].ElapsedNanoseconds;
38     return values;
39   }
40
41   public static long[] GetElapsedTicks(this MeasurementResultList results) {
42     var n = results.Count;
```

```
43    var values = new long[n];
44    for (int i = 0; i < n; ++i)
45      values[i] = results[i].ElapsedTicks;
46    return values;
47  }
48
49  // see https://blogs.msmvps.com/deborahk/linq-mean-median-and-mode/
50  public static double GetMedian(this long[] values) {
51    int numberCount = values.Length;
52    int halfIndex = values.Length / 2;
53    var sortedNumbers = values.OrderBy(n => n);
54    double median;
55    if ((numberCount % 2) == 0) {
56      median = ((sortedNumbers.ElementAt(halfIndex) +
57            sortedNumbers.ElementAt((halfIndex - 1))) / 2);
58    } else {
59      median = sortedNumbers.ElementAt(halfIndex);
60    }
61    return median;
62  }
63
64  public static double GetMedian(this double[] values) {
65    int numberCount = values.Length;
66    int halfIndex = values.Length / 2;
67    var sortedNumbers = values.OrderBy(n => n);
68    double median;
69    if ((numberCount % 2) == 0) {
70      median = ((sortedNumbers.ElementAt(halfIndex) +
71            sortedNumbers.ElementAt((halfIndex - 1))) / 2);
72    } else {
73      median = sortedNumbers.ElementAt(halfIndex);
74    }
75    return median;
76  } }
```

Abbildungsverzeichnis

Tabellenverzeichnis

Literaturverzeichnis

Das nachfolgende Literaturverzeichnis enthält alle Quellen über die in diesem Buch abgehandelten Techniken und Verfahren. Es wird empfohlen auf diese Liste zurückzugreifen, falls der Bedarf an weiteren Recherchearbeiten zu dem ein oder anderen Thema besteht. Sie müssen kein Profi in allen Bereichen sein, doch ein Wissen über eine breite Palette von aktuellen Softwareprodukten und Verfahren ermöglicht es, dass Sie den Arbeiten die Sie mit C# umsetzen durch Ihr Know-how eine persönliche Note verleihen können.

1. S. Cleary. *Concurrency in C# Cookbook: Asynchronous, Parallel, and Multithreaded Programming.* O'Reilly Media; 1 edition (June 13, 2014)
2. H. Bauke und S. Mertens. *Cluster Computing.* Berlin-Heidelberg: Springer-Verlag, 2006
3. Eric J. Bruno. „Programming with Reason: Why is goto Bad?" Internet: www.drdobbs.com/jvm/programming-with-reason-why-is-goto-bad/228200966
4. Edsger W. Dijkstra. „Go To Statement Considered Harmful" Internet: www.u.arizona.edu/~rubinson/copyright_violations/Go_To_Considered_Harmful.html
5. Benjamin Foreback. „Why should GOTO be avoided?" Internet: www.harrisgeospatial.com/Learn/Blogs/Blog-Details/ArtMID/10198/ArticleID/15289/-Why-should-GOTO-be-avoided
6. A. Freeman. *Pro .NET 4 Parallel Programming in C#.* Apress, ISBN: 978-1-4302-2967-4, 2010
7. S. Carr, J. Mayo and C. Shene. „Race Conditions: A Case Study," *The Journal of Computing in Small Colleges*, Vol. 17 (2001), No. 1 (October), pp. 88-102.
8. L. J. Guipas and E. Szemeredi. „The analysis of double hashing," in *Vol. 16, Issue 2, Journal of Computer and System Sciences*, 1978, April
9. G. Hager and G. Wellein. *Introduction to High Performance Computing for Scientists and Engineers.* CRC Press, ISBN: 978-1-4398-1192-4
10. G. C. Hillar. *Professional Parallel Programming with C#: Master Parallel Extensions with .NET 4.* ISBN: 978-1-118-02977-0, Dezember, 2010
11. G. S. Lueker and M. Molodowitch. „MORE ANALYSIS OF DOUBLE HASHING," in *COMBINATORICA 13 (I)*, 1993

12. T. Rauber und G. Rünger. *Parallele Programmierung*. Heidelberg: Springer-Lehrbuch, 2007

13. C.B. Ries, *BOINC – Hochleistungsrechnen mit Berkeley Open Infrastructure for Network Computing*. Berlin Heidelberg: Springer, ISBN: 978-3-642-23382-1, 2012.

14. C.B. Ries, *Learn C++ by Examples*. Norderstedt: Books on Demand GmbH, ISBN: 978-3-848-25970-0, 2013

15. R. Ringler, *C# Multithreaded and Parallel Programming*. Packt Publishing, ISBN: 978-1849688321, December, 2014

16. P. Steele, *The Factory Pattern in .NET*. Internet: visualstudiomagazine.com/articles/2011/-01/11/the-factory-pattern-in-dot-net.aspx

17. S. Toub, *PATTERNS OF PARALLEL PROGRAMMING*. Parallel Computing Platform, Microsoft Corporation, July 1, 2010

18. S. J. Vaughan-Nichols. „GOTO Still Has a Place in Modern Programming. No! Really!" Internet: smartbear.com/blog/develop/goto-still-has-a-place-in-modern-programming-no-re/

19. Microsoft. „GetCurrentProcessorNumber function,„ Internet: docs.microsoftċom/en-us/-windows/desktop/api/processthreadsapi/nf-processthreadsapi-getcurrentprocessornumber

20. Microsoft. „DllImportAttribute Class," Internet: docs.microsoft.com/en-us/dotnet/api/-system.runtime.interopservices.dllimportattribute?view=netframework-4.7.2

21. Microsoft. „Reference Source: WaitAll",' Internet: referencesource.microsoft.com/-#mscorlib/system/threading/tasks/Task.cs,7ca75cf415c62dbf,references

22. R. Dementiev. „Processor Performance Counter Monitoring," Intel, 2010, July

23. „ECMA – C# Language Specification." Internet: www.ecma-international.org

24. „ECMA-334 – C# Language Specification.", Internet: www.ecma-international.org

25. „ECMA-335 – Common Language Infrastructure (CLI) Partitions I to VI.", Internet: www.ecma-international.org

26. „Choosing Between Class and Struct" Internet: docs.microsoft.com/en-us/dotnet/standard/-design-guidelines/choosing-between-class-and-struct

27. CPlusPlus.de. „Operators – C++-Tutorials," Internet: www.cplusplus.com/doc/tutorial/operators/ [23. September 2028]

28. Wikipedia. „Wahrheitstabelle," Internet: de.wikipedia.org/wiki/Wahrheitstabelle

29. Internet: www.virtualbox.org

30. Internet: www.beckhoff.com/CX2030/

31. Internet: www.mono-project.com

Sachverzeichnis

Notizen

Notizen

Notizen

www.ingramcontent.com/pod-product-compliance
Lightning Source LLC
Chambersburg PA
CBHW071244050326
40690CB00011B/2253